चल

चलते तो अच्छा था

असग़र वजाहत

राजकमल प्रकाशन

ISBN : 978-81-267-1472-8

मूल्य : ₹395

पहला संस्करण : 2008
दूसरा संस्करण : 2019

प्रकाशक : राजकमल प्रकाशन प्रा. लि.
1-बी, नेताजी सुभाष मार्ग, दरियागंज
नई दिल्ली-110 002

शाखाएँ : अशोक राजपथ, साइंस कॉलेज के सामने, पटना-800 006
पहली मंजिल, दरबारी बिल्डिंग, महात्मा गांधी मार्ग, इलाहाबाद-211 001
36 ए, शेक्सपियर सरणी, कोलकाता-700 017

वेबसाइट : www.rajkamalprakashan.com
ई-मेल : info@rajkamalprakashan.com

मुद्रक : बी.के. ऑफसेट
नवीन शाहदरा, दिल्ली-110 032

CHALTE TO ACHCHHA THA
by Asghar Vajahat

क्रम

मिट्टी का प्याला

दोनों तरफ सूखे, निर्जीव, ग़ैर आबाद पहाड़ थे जिन पर लगी घास तक जल चुकी थी। सड़क इन्हीं पहाड़ों के बीच से बल खाती गुज़र रही थी। रास्ता वही था जिससे मैं इस्फ़हान से होता शीराज़ पहुँचा था और अब शीराज़ से साठ किलोमीटर दूर 'परसी-पोलस' यानी 'तख़्ते जमशैद' देखने जा रहा था। शीराज़ में पता लगा था कि 'तख़्ते जमशैद' तक 'सवारी' टैक्सियाँ चलती हैं। ईरान में 'सवारी' का मतलब वे टैक्सियाँ होती हैं जिन पर मुसाफिर अपना-अपना किराया देकर सफर करते हैं। ये सस्ती होती हैं। 'तख़्ते जमशैद' तक जाने के लिए शीराज़ के बस अड्डे पर 'सवारी' की तलाश में आया था लेकिन टैक्सीवाले ने मर्जी के ख़िलाफ़ मुझे एक टैक्सी में ठूँसा और टैक्सी चल दी। मेरे खयाल से मुझे पाँच हज़ार रियाल देने थे और इस टैक्सी में मेरे अलावा चार और लोगों को भी होना चाहिए था लेकिन मैं अकेला था और ज़ाहिर था कि दूसरे चार लोगों का किराया मुझसे ही वसूल किया जाना था। वीरान पहाड़ों पर करीब सवा घंटे चलने के बाद टैक्सी ड्राइवर ने 'तख़्ते जमशैद' की पार्किंग में गाड़ी खड़ी कर दी। सामने दूर तक फैले खँडहरों में ऊँचे-ऊँचे खम्भे ही नुमाया थे।

बताया जाता है कि ईसा से सात सौ साल पहले ईरान के एक जनसमूह ने जो अपने को आर्य कहता था, एक बहुत बड़ा साम्राज्य बनाया था। यह पूर्व में सिंध नदी से लेकर पश्चिम में डनयुब नदी और उत्तर में अरल झील से लेकर ईरान की खाड़ी तक फैला हुआ था। इतिहास में इस साम्राज्य को 'हख़ामनश' के नाम से याद किया जाता है। अंग्रेजी में इसे 'अकामीडियन' साम्राज्य कहते हैं। बड़े आश्चर्य की

बात है कि यह अपने समय का ही नहीं बल्कि हमारे समय में भी बड़े महत्त्व का साम्राज्य माना जाएगा। इस साम्राज्य के एक महान शासक दारुस प्रथम (549 जन्म-485 मृत्यु ई. पू.) ने विश्व का पहला मानव अधिकार दस्तावेज़ जारी किया था जो आज भी इतना महत्त्वपूर्ण है कि 1971 में संयुक्त राष्ट्र संघ ने उसका अनुवाद विश्व की लगभग सभी भाषाओं में कराया और बाँटा था। यह दस्तावेज़ मिट्टी के बेलन जैसे आकार के पात्र पर खोदा गया था और उसे पकाया गया था ताकि सुरक्षित रहे। दारुस ने बाबुल की विजय के बाद इसे जारी किया था। कहा जाता है कि यह मानव अधिकार सुरक्षा दस्तावेज़ फ्रांस की क्रांति (1789-1799) में जारी किए गए मानव अधिकार मैनेफैस्टो से भी ज्यादा प्रगतिशील है। घोषणापत्र के कुछ अंश इस प्रकार हैं, "...अब मैं अहुर मज़्द (Ahura Mazda) (अग्निपूजकों के सबसे बड़े देवता) की मदद से ईरान, बाबुल और चारों दिशाओं में फैले राज्यों का मुकुट अपने सिर पर रखते हुए यह घोषणा करता हूँ कि मैं अपने साम्राज्य के सभी धर्मों, परम्पराओं और आचार-व्यवहारों का आदर करूँगा और जब तक मैं जीवित हूँ तब तक मेरे गवर्नर और उनके मातहत अधिकारी भी ऐसा ही करते रहेंगे। मैं अपनी बादशाहत किसी देश (राज्य) पर लादूँगा (आरोपित) नहीं। इसे स्वीकार करने के लिए सभी स्वतन्त्र हैं और अगर कोई इसे अस्वीकार करता है तो मैं उससे कभी युद्ध नहीं करूँगा। जब तक मैं ईरान, बाबुल और चारों दिशाओं में फैले राज्यों का सम्राट हूँ तब तक मैं किसी को किसी का शोषण नहीं करने दूँगा और अगर यह होता है तो मैं शोषित का पक्ष लूँगा और अपराधी को दंडित करूँगा। जब तक मैं सम्राट हूँ तब तक बिना पैसा लिए-दिए या उचित भुगतान किए बिना कोई किसी की चल-अचल सम्पत्ति पर अधिकार न कर सकेगा। जब तक मैं जीवित हूँ तब तक बेगार और बलात काम लिए जाने का विरोध करता रहूँगा। आज मैं यह घोषणा करता हूँ कि हर आदमी अपना धर्म चुनने के लिए आजाद है। लोग कहीं भी रहने के लिए स्वतन्त्र हैं और वे कोई भी काम कर सकते हैं जब तक कि उससे दूसरों के अधिकार खंडित न होते हों...किसी को उसके रिश्तेदारों के किए की सज़ा नहीं दी जाएगी। मैं गुलामी (दासप्रथा) को प्रतिबन्धित करता हूँ और मेरे साम्राज्य के गवर्नरों तथा उनके

अधिकारियों की ज़िम्मेदारी है कि आदमी औरतों को गुलाम की तरह बेचने-खरीदने को अपने क्षेत्र में समाप्त करें...गुलामी को पूरे संसार से समाप्त हो जाना चाहिए...मैं अहुर मज़्द से कामना करता हूँ कि साम्राज्य के प्रति मुझे अपने आश्वासनों को पूरा करने में सफलता दे।"

ईसा से पाँच सौ साल पहले दारुस महान ने अपने साम्राज्य का आधार फेडरल सिस्टम ऑफ गवरनेन्स (गणतांत्रिक राज्य व्यवस्था) बनाया था। राज्यों को अधिकार दिए गए थे और केन्द्र की नीतियाँ उदार तथा जनहित में थीं। साम्राज्य की आय का सबसे बड़ा स्रोत व्यापार कर था जिसे बढ़ाने के साथ-साथ साम्राज्य व्यापारियों की सुरक्षा पर ध्यान देता था। दारुस ने अपने साम्राज्य के दो कोने को जोड़नेवाले एक ढाई हज़ार मील लम्बे राजमार्ग का निर्माण भी कराया था। इतिहासकार कहते हैं कि पूरे साम्राज्य में डाक की व्यवस्था इतनी उत्तम थी कि एक कोने से दूसरे कोने तक डाक पन्द्रह दिनों में पहुँच जाती थी।

शताब्दियों तक दारुस महान की राजधानी 'तख़्ते जमशैद' पत्थरों, मिट्टी, धूल और उपेक्षा के पहाड़ों के नीचे दबी पड़ी रही। यह इलाक़ा 'कोहे रहमत' के नाम से जाना जाता है। रहमत का मतलब ईश्वरीय कृपा है। 1931-1934 के बीच यहाँ अमेरिकी विश्वविद्यालयों के पुरातत्त्व विभागों ने खुदाई का एक व्यापक अभियान चलाया था और दारुस की राजधानी के अवशेष सामने आए थे।

ईरानी सरकार जो प्रायः पर्यटन के प्रति उदासीन है 'तख़्ते जमशैद' की उपेक्षा नहीं कर सकी है। यहाँ पर्यटन विभाग के कार्यालय और पर्यटकों के लिए अन्य सुविधाएँ मौजूद हैं। यह अब ईरान का ही नहीं बल्कि विश्व का एक महत्त्वपूर्ण पर्यटन स्थल बन गया है।

'तख़्ते जमशैद' आने से पहले कहीं पढ़ा था और लोगों ने बताया भी था कि खंडहरों को देखकर यह कल्पना करनी चाहिए कि यह इमारत कितनी विशाल रही होगी। विस्तार का अन्दाज़ा तो दूर से हो जाता है। कोहे रहमत के नीचे ऊँचे खम्भों का लम्बा सिलसिला और सामने के पहाड़ों को काटकर तराशी गई मूर्तियाँ तथा गुफाएँ नज़र आने लगते हैं।

मुख्य इमारत तक जाने के लिए सीढ़ियाँ चढ़कर ऊपर आया तो

ऊँचे-ऊँचे पत्थर के खम्भे नज़र आए। यह दारुस का दरबार हॉल था। इन खम्भों पर खड़ी इमारत की कल्पना करते हुए मैंने इसकी तुलना लाल किले के दीवाने आम से की तो दीवाने आम बच्चों का खेल लगा। यहाँ के दीवाने आम के खम्भों की ऊँचाई लाल किलेवाले खम्भों से कम से कम तीन गुनी है। लम्बाई और चौड़ाई में भी दारुस का दीवाने आम शाहजहाँ के दीवाने आम से छह-सात गुना बड़ा होगा। आश्चर्य यह होता है कि इतने बड़े दीवाने आम में हज़ारों लोगों तक सम्राट या अन्य अधिकारियों की आवाज़ें कैसे पहुँचती होंगी और व्यवस्था कैसे बनाई जाती होगी।

दारुस ने 'परसी पोलिस' यानी 'तख़्ते जमशैद' का निर्माण 518 ई. पू. के आसपास शुरू किया था और सौ साल बाद यह निर्माण कार्य पूरा हुआ था। दारुस ने 'तख़्ते जमशैद' की परिकल्पना केवल एक महल या किले के रूप में नहीं की थी। वह ऐसे-ऐसे विशाल स्थान का निर्माण करना चाहता था जिसकी कोई दूसरी मिसाल न हो। वह चाहता था कि साम्राज्य की शक्ति, वैभव, सम्पन्नता, बुद्धिमत्ता और सौन्दर्यप्रियता को दर्शानेवाली इमारतों का एक समूह बनाया जाए तो अद्वितीय हो। दारुस के पुत्र जेरजेस (518-465 ई.पू.) की थपथ—"मैं उस काम को पूरा करूँगा जो मेरे पिता ने शुरू किया था" दीवार पर अंकित है।

ऊपर तेज सूरज चमक रहा था जिसकी रौशनी में कई किलोमीटर फैले खंडहर अतीत की रहस्यमयी कहानियाँ सुना रहे थे। पर्यटक यहाँ काफी थे लेकिन क्षेत्र इतना बड़ा था कि वे बस खेत में कुछ दानों की तरह छिटके हुए ही दिखाई पड़ रहे थे। कुछ बहुत दूर 'कोहे रहमत' में बनाई गई गुफाओं के मुख पर बनी देवताओं की मूर्तियाँ देख रहे थे और इतने छोटे लग रहे थे कि उन पर नज़र ज़माना भी मुश्किल था। दीवाने आम के पीछे दूसरी इमारतों के खंडहर थे जो दूर तक फैले चले गए थे और 'कोहे रहमत' में बनी गुफाओं से मिल गए थे। यह देखने के लिए एक दिन नाकाफी था। दरवाज़ों पर पत्थर से काटी गई देवताओं की मूर्तियाँ, कहीं सिपाहियों की आकृतियाँ और पहाड़ों पर युद्ध के दृश्य साम्राज्य और सम्राटों की जिन्दगी के जीवित दस्तावेज़ लगते थे।

'तख़्ते जमशैद' से कुछ किलोमीटर दूर 'नक्शे रुस्तम' है। रुस्तम भी एक पौराणिक चरित्र है जिसने फिरदौसी के 'शाहनामे' में अमर कर दिया है। उसने कल्पना-कला और मार्मिकता की ऊँचाइयों को छू लिया है। बुनियादी तौर पर योद्धा होने के साथ-साथ वह प्रेमी भी है, दाता भी है, संवेदनशील पिता भी है और एक त्रासदी का नायक भी है। 'नक्शे रुस्तम' पहाड़ पर एक ऐसी जगह है जो समतल है। कहा जाता है कि रुस्तम यहाँ नाचा था इस कारण पहाड़ का यह हिस्सा समतल हो गया है। 'नक्शे रुस्तम' पहाड़ी को सम्राटों की गैलरी भी कहा जाए तो गलत न होगा। यहाँ 'हख़ामनश' साम्राज्य ही नहीं बल्कि पूर्व और परवर्ती साम्राज्यों जैसे सासानी साम्राज्य के सम्राटों ने भी अपनी विजयों से संबंधित चित्र पत्थर पर अंकित कराए हैं। इस स्थान पर सम्राटों के मक़बरे बनाने तथा उन पर इतिहास अंकित करने की भी परम्परा रही है। यहीं पत्थर पर तराश कर बनाए गए चित्रों में सासानी सम्राट शापुर प्रथम (241-272 ई.पू.) का वह प्रसिद्ध चित्र भी है जिसमें ईरानियों से पराजित रोम का सम्राट वैलेरियन घुटने टेके शापुर प्रथम के सामने बैठा है और शापुर घोड़े पर सवार है। कुछ इतिहासकार तो कहते हैं कि ईरान के सम्राट शापुर प्रथम ने पराजित रोम के सम्राट को अपने दरबार में घुटने के बल चलकर (260 ई.पू.) आने के लिए बाध्य किया था और इस घटना का आतंक शताब्दियों क़ायम रहा था।

कोई गाइड किसी पर्यटक ग्रुप को एक दीवार दिखाकर बता रहा था कि कभी यह दीवार इतनी चमकीली हुआ करती थी कि लोग इसमें अपनी शकल देख लिया करते थे। इस तरह की न जाने कितनी गाथाएँ यहाँ से जुड़ी हैं। कहते हैं कि किसी पौराणिक सम्राट जमशैद की भी यही राजधानी होती थी और उसके पास एक दैवी प्याला था जो 'जामे जमशैद' के नाम से मशहूर है। जमशैद का जिक्र फिरदौसी ने 'शाहनामा' में भी किया है। प्याले में वह पूरे संसार की छवियाँ तथा भविष्य और भूत को देख सकता था।

'तख़्ते जमशैद' बनने के केवल दो सौ साल बाद हख़ामनश साम्राज्य (550-330 ई.पू.) का अन्त सिकंदर महान के हाथों (331-323 ई.पू.) हुआ। उसने साम्राज्य की राजधानी को जलाकर राख कर दिया था और साम्राज्य की लूट को बीस हज़ार खच्चरों और पाँच हज़ार

ऊँटों पर लादकर ले गया था। इतने बड़े साम्राज्य के इस अन्त से प्रभावित होकर ही शायद मिर्जा ग़ालिब ने लिखा होगा—

जामे-जम से तो मेरा जामे सिफ़ाल अच्छा है
और ले आएँगे बाज़ार से गर टूट गया

यानी जमशैद के जामे-जम से अच्छा मेरा मिट्टी का प्याला है। और ले आएँगे बाजार से अगर टूट गया।

शबे शीराज़

इस्फ़हान से शीराज़ रात नौ बजे पहुँचा। एक हमसफर ने टैक्सी ली। तीन दूसरे लोगों के साथ बैठा। हर शहर में मैं कोशिश करता था कि शहर के केन्द्र में किसी मुसाफिरख़ाने में जिन्हें यहाँ आमतौर पर 'मेहमान पिज़ीर' कहा जाता है, ठहरूँ। पहली बात तो यह कि सस्ते में काम चल जाता है दूसरा यह कि शहर के मरकज में होने की वजह से प्रायः बहुत सी ऐतिहासिक इमारतों को पैदल ही जाकर देखा जा सकता है।

दो मज़दूर किस्म के ईरानी साथियों ने एक सस्ते 'मेहमान पिराज' में पहुँचाया और तय पाया कि हम तीनों एक साथ रहेंगे तो सस्ता पड़ेगा। लेकिन होटल के मालिक ने मुझे ईरानी मज़दूरों के साथ ठहरने की अनुमति नहीं दी क्योंकि मैं विदेशी था। बहरहाल अलग कमरा लेना पड़ा। कमरे के बाहर बाथरूम वगैरा। रात को दस बजे कमरा मिल पाया और दिन भर के खाली पेट ने सताना शुरू किया। नीचे आकर होटल के मालिक से पूछा कि खाना कहाँ खा सकते हैं। उसने इशारे से बताया मुख्य सड़क पर एक खाने का रेस्तराँ है, वहाँ चले जाओ।

रेस्तराँ में दाखिल हुआ तो आँखें खुल गईं। हर मेज़ पर एक-एक हुक्का रखा था। जो लोग खाना खा चुके थे वे चाय के साथ हुक्के का मजा ले रहे थे। धुआँ भरा हुआ था। कुछ खाना खा रहे थे। मैं क्या बताता कि क्या खाऊँगा? पास की मेज़ पर दो आदमी कुछ खा रहे थे, उधर इशारा कर दिया। दरअसल ईरानी कबाब मैं काफी खा चुका था और इच्छा थी कि कुछ नया खाया जाए।

मेरे सामने एक परात लाकर रख दी गई। उसमें एक इतनी बड़ी

रोटी थी कि दो-तीन आदमी खाएँ तो खत्म न हो; एक ख़ाली प्याला जिसके अन्दर छोटी मुगदर जैसी चीज़, एक मिट्टी का प्याला जिसमें आलू तैरते दिखाई दे रहे थे। पहले तो यह समझ में न आया कि इस खाने को खाने का तरीक़ा क्या हो सकता है। प्याले के अन्दर मुगदरनुमा चीज़ क्यों रखी है। फिर धीरे-धीरे दिमाग़ दौड़ाया। मिट्टी के प्याले से आलू निकालें, तरी निकाली, नीचे कुछ गोश्त की बोटियाँ थीं उसके नीचे चने थे। इनको प्याले में डाल दिया। मुगदर का क्या इस्तेमाल हो सकता है? उससे आलू के बड़े टुकड़े तोड़े और रोटी से खाना शुरू किया। अच्छा, बहुत अच्छा...इधर-उधर नज़र दौड़ाई। हुक्के वालों की आँखें इतनी चढ़ गईं थीं कि लगता था कि हुक्का नहीं कुछ और पी रहे हैं। यह रेस्तराँ बिल्कुल साधारण, मामूली, आम लोगोंवाली जगह थी। दीवारों पर तस्वीरें और कुछ सज़ावटी सामान रखा था।

खाना खाते हुए याद आया कि 'दावते शीराज़' तो बहुत मशहूर है। मैं अपने खाने को दावत से कम क्या समझता क्योंकि दिनभर का भूखा और थका हुआ था। आधी रोटी खा गया।

सुबह छह बजे उठकर चाय पिए बगैर शीराज़ की सैर शुरू कर दी। सबसे पहले जाना था हाफ़िज़ शीराज़ी का मक़बरा देखने।

—आग़ा, मक़बर-ए-हाफ़िज़ शीराज़ी कुजा अस्त?

मतलब श्रीमान हाफ़िज़ शीराज़ी का मक़बरा कहाँ है...

सड़क के सामने पुल था। नीचे एक सूखी हुई नदी के आसार थे। हो सकता है बरसात (अगर होती हो तो) में भर जाती हो। पुल पार किया, एक मस्जिद नज़र आई। वही जो यहाँ 'टायल्स' का प्रसिद्ध काम है, दरवाजों, दरों पर किया गया था। बहुत पुरानी नहीं लगी। आगे बढ़ा तो एक पार्क में पहुँच गया। बड़े-बड़े विशाल पेड़ों से अन्दाज़ा लगा कि पार्क पुराना है। वहाँ एक अफ़्रीक़ी शक्ल सूरत का आदमी झाड़ू दे रहा था। उससे अपना सवाल दोहराया। पता नहीं क्यों वह मेरे सवाल पूछने या मेरी शक्ल देखकर प्रसन्न हो गया और झाड़ू देने का काम रोककर मेरे पास आया। कुछ बातचीत—जिसकी सीमाबन्दी मैं पहले ही कर दिया करता था—'आगा फारसी नमीनादम...चंद फारसी अल्फाज दानम...मुकालमा मुश्किल अस्त' मतलब श्रीमान मैं फारसी नहीं

जानता...कुछ फारसी शब्द जानता हूँ। बातचीत करना मुश्किल है...ख़ैर इस आदमी ने दूर से हाफ़िज़ के मक़बरे का दरवाजा दिखाया और मैं सड़क पार करके वहाँ पहुँच गया।

संसार का एक महान कवि यहाँ सो रहा है जो जीवन भर अपनी प्रेमिका शाखे नाबात, शीराज़ और अपने गुरु अत्तार के माध्यम से संसार को सम्बोधित करता रहा।

मक़बरे से एक गाइड से परिचय हुआ जो मेरे साथ अन्दर आ गए। एक छतरी के नीचे छह खम्भों के बीच हाफ़िज़ की कब्र है जिस पर उनका एक शेर लिखा है। युवा गाइड वह शेर पढ़ने लगा, मैं कुछ-कुछ समझा, कुछ न समझा तो गाइड ने अपनी टूटी-फूटी अंग्रेजी में अनुवाद कर दिया। मैं अभिभूत हो गया। क्या था उन शब्दों में जो आज तक जादू का-सा असर करते हैं। गाइड ने कुछ ऐसा कहा था—'मैं मरने के बाद भी यहीं रहूँगा, फूलों और हवाओं में खुशबू जैसा बहूँगा ताकि प्रेमियों के दिल गरमाते रहें।'

हाफ़िज़ का पूरा नाम ख्वाजा शम्सउद्दीन मुहम्मद हाफ़िज़ शीराज़ी था। उनका जन्म 1310 ई. में हुआ था। कहते हैं अपने लड़कपन में वे एक नानबाई की दुकान में काम करते थे और घरों में रोटियाँ पहुँचाना भी उनकी ज़िम्मेदारी थी। एक दिन उन्होंने किसी घर में एक अद्वितीय सुन्दरी शाखे़-नाबात को देखा और जीवन भर उसकी सुन्दरता को नए-नए आयाम देते रहे। राजनीतिक उथल-पुथल के कारण एक बार उन्हें शीराज़ छोड़ना पड़ा और उन्होंने शीराज़ के बिछड़ने के दुःख को अपनी कविता का एक स्थायी दुःख बना लिया। साठ साल की उम्र में उन्होंने जमीन पर गोला खींचा और उसमें चालीस दिन की साधना करने बैठे। चालीसवें दिन उठकर अपने गुरु के पास गए। गुरु ने हाफ़िज़ को शराब का प्याला पिलाया और हाफ़िज़ को ज्ञान प्राप्त हो गया। सत्तर वर्ष की आयु में उनका निधन हुआ।

हाफ़िज़ के मक़बरे के चारों तरफ बाग है। पानी की नहरें हैं, फव्वारे हैं, फूल हैं और पत्थर पर लिखी हाफ़िज़ की गजलें हैं। एक तरफ हाफ़िज़ रिसर्च इंस्टीट्यूट हैं। यहाँ कवि रवीन्द्रनाथ टैगोर का चित्र देखा जिसमें वे हाफ़िज़ के मक़बरे के सामने बैठे हैं।

मैं मक़बरा देखकर शीराज़ की सड़कों पर आ गया और

ऐतिहासिक इमारतों की तलाश शुरू हो गई। इसमें शक नहीं कि शीराज़ अपने इतिहास को सुनाता है। बाज़ारे वकील, शहे चिराग का मक़बरा, बागे-हरम जैसी जगहें ईरानी वास्तुकला के श्रेष्ठ नमूने हैं। 'हख़ामनश' युग से ईरान के इतिहास में प्रायः महत्त्वपूर्ण रहा यह शहर ग्यारहवीं सदी में बागदाद से टक्कर लेता था। तेरहवीं और चौदहवीं सदी में ऐसा माना जाता था कि शीराज़ इस्लामी संसार का सबसे बड़ा, सुन्दर और आकर्षक शहर है। विश्वविख्यात पर्यटक इब्ने बतूता शीराज़ से बहुत प्रभावित हुआ था। इब्ने बतूता ने लिखा है—'शीराज़ पहुँचे जो दुनिया भर में मशहूर बहुत पुराना शहर है। इसकी श्रेष्ठता को सभी मानते हैं। इमारतें बहुत खूबसूरत और मज़बूत हैं। हर पेशे के लिए अलग-अलग बाजार है, जिनमें कोई और पेशा करनेवाला नहीं बैठ सकता। यहाँ के लोग हसीन, जमील, खुश पोशाक हैं। सारे पूर्व में दमिश्क़ ही ऐसा शहर है जो बाग़ों और हुनरमंदी में शीराज़ का मुकाबला कर सकता है, वरना कोई और शहर इसके सामने नहीं ठहरता...शहर को चारों तरफ से बाग़ों ने घेर रखा है। शहर के अन्दर से होकर पाँच नहरें निकलती हैं। एक नहर रुकनाबाद कहलाती है जिसका पानी बहुत मीठा होता है, सदियों में गर्म होता है और गर्मियों में ठंडा। इस नहर का चश्मा एक पहाड़ के किनारे है।"

अब नहरें सूख चुकी हैं। बाग उतने नहीं हैं। गर्मी में सूरज से शहर बहुत तपता है। मैंने शीराज़ से अपने दोस्त स्टीव पूलस को सेंफ्रांसिसको ई-मेल किया कि मैं शीराज़ से बहुत प्रभावित नहीं हुआ। उनका जवाब आया कि बीस साल पहले जब वे शीराज़ आए थे तब उन्हें भी ऐसा ही लगा था। शीराज़ सम्बन्धी हमारी जानकारियाँ पाँच सौ साल पुरानी हैं और पिछले दो-तीन सौ साल से तो ईरान हमसे और अधिक दूर हो गया है। इतिहास की वर्तमान में खोज की जाए तो अवशेष ही मिलते हैं।

मजाज़ लखनवी के लिखे, अलीगढ़ मुस्लिम विश्वविद्यालय के तराने में एक पंक्ति आती है—'हर शब है शबे शीराज़ यहाँ'। मैं कोशिश करता रहा कि शीराज़ की रात के जादू को जगाया जाए पर वैसा कुछ नहीं हुआ। हाँ अलीगढ़ के तराने के साथ अलीगढ़ की रातें जरूर याद आईं। जाड़े की सर्द रातें जब कोहरा झाड़ियों में छिपकर बैठ जाता था

और ओस की बूँदों से गुलाब के फूल झुक जाते थे। गहरे सुरमई रंग के पीछे बड़े-बड़े पेड़ दुबक जाते थे। पतली कोलतार की काली सड़क हल्की-सी रौशनी में चमकती थी, हम लोग अपने मुँह से भाप के बादल निकालते, जेबों में हाथ डाले और ठंडी नाक के नीचे ठहर गई पानी की बूँदों को रूमालों से पोंछते घूमा करते थे। कोई मजाज़ की नज़्म 'आवारा' गुनगुनाने लगता था। सड़क पर लगे बल्बों की रौशनी ठंड की ताब न लाकर टिमटिमाने लगती थी। हम टहलते हुए स्टेशन तक आते थे, कुलियों के साथ अंगीठी की आग तापा करते थे और गर्मागर्म आलू-पूड़ी खाते और चाय पीते थे, अपनी-अपनी प्रेमिकाओं को याद करते थे। हमारी तो शबे शीराज़ वही है...इसी तरह की न जाने कितनी रातें मेरे लिए शीराज़ की इस रात से ज्यादा रहस्यमयी, रोचक और अविस्मरणीय हैं।

जाना-पहचाना अजनबी

गर्मियों की तपती हुई दोपहर में नीम के पेड़ पर तोते लम्बी तान कर सोते थे। निमकौलियाँ गिरा करती थीं। सामने पड़ी खपरैल में सन्नाटा होता था। हम लोगों के बूढ़े दादा खपरैल के पास बनी कच्ची कोठरी में लेटे थे और अन्धा जाफर उन्हें हाथ का पंखा झला करता था। गिटगिटान गर्मी के मारे झाड़ियों में इधर-उधर भागते थे और कव्वे अपनी खुली चोंच लिए मक्कारी से इधर-उधर देखते दीवार के साये में बैठे रहते थे। लू चीखती-चिल्लाती पूरे मैदान में दनदनाती फिरती थी। शाम को दादा बाहर निकलते थे और कभी-कभी बातचीत करते हुए तरंग में आ जाते थे तो कहते थे कि मैं इस गर्मी में न बचूँगा...अगर बच गया तो अगले साल अपने वतन चला जाऊँगा और वहीं मरूँगा।

अपने वतन? हमें हैरत होती थी। हमारा यहाँ के अलावा और वतन कहाँ है?

"ईरान चला जाऊँगा...ईरान...जहाँ से हमारे पुरखे सैयद इकरामउद्दीन हुमायूँ की फौज में हिन्दुस्तान आए थे।"

—ईरान तो बहुत बड़ा है? ईरान में कहाँ से?

—मियाँ ख़ाफ़ नाम का एक गाँव है।

हमारे घर में नौरोज़ धूमधाम से मनाया जाता था। अंडे उबालकर जाफरान से रंगे जाते थे। मीठी रोटी पकती थी। शरबत बनता था और दूसरे खाने पकते थे। मीठे नमकीन कोफ़्ते और खीर दस्तरखान पर सजाए जाते थे। तरह-तरह की चीज़ों पर नज़र दी जाती थी।

फिर खाना खाया जाता था।

नौरोज़ सब लोग तो नहीं मनाते? हम लोग क्यों मनाते हैं?

"ये ईरान का त्यौहार है।"

तोतों का झुंड नीम के पेड़ से उड़कर चिलवरों के पेड़ों की ऊँची दीवार से होता हुआ तालाब और अमरूद के बाग की तरफ जाता है और गिटगिटान कहीं गायब हो जाते हैं?

ये ईरान कहाँ है?

ईरान के बारे में किसी को कुछ ज्यादा न मालूम था। यह भी नहीं कि यह ईरान नहीं 'अर्यारान' है। यहाँ रहनेवाले अपने को आर्य कहते हैं। यहाँ का बादशाह अपने को आर्य महर कहलवाता है। उसकी दूसरी पत्नी बहुत सुन्दर है।

तेहरान के मेहराबाद हवाई अड्डे पर तोतों का झुंड उतर रहा है। हरे-हरे चमकीले तोते और उनकी लाल चमकीली चोचें। तेहरान हवाई अड्डे को खाली कराया जा रहा है। तोते किसी तरह का कोई सिगनल नहीं समझते पता नहीं क्या हो।

जहाज़ से जब शहर नज़र आता है तो एक ही रंग दिखाई देता है, मिट्टी का सा मटमैला रंग। इसी रंग के पहाड़ जिनके दामन में तेहरान बसा हुआ है, इसी रंग की इमारतें, इसी रंग की सड़कें और इसी रंग का मेहराबाद हवाई अड्डा।

एयरपोर्ट की इमारत सफेद और ठंडी...तस्वीरें...विज्ञापन नाममात्र को...या शायद बिल्कुल नहीं : सपाट...साफ...एकरंगी...महिला कस्टम अधिकारी काले लबादे और काला हिजाब (काला कपड़ा जिससे सिर ढका जाता है और वह सामने तथा पीछे तक जाता है) में सिर्फ चेहरा नज़र आता है...वह भी सफेद...पासपोर्ट लेकर महिला अधिकारी के पास गया। आमतौर पर रिवाज है जब आप किसी के पास जाएँ तो मुस्कुराएँ ताकि किसी तरह का मानवीय रिश्ता क़ायम हो सके। पर हिजाब और काली चादर में लिपटी सफेद पत्थर जैसे चेहरेवाली औरत को देखकर मुस्कराना तो दूर की बात है मैं कुछ क्षण के लिए साँस लेना भी भूल गया। कार्यवाही होने लगी। कोई बातचीत नहीं। कोई 'हेलो' नहीं...कोई सलाम नहीं...कुछ नहीं...आगे बढ़ा डॉलर चेंज कराने थे। एक सज्जन बैठे थे। बिल्कुल अपने देश के किसी

राष्ट्रीयकृत बैंक के बाबू लग रहे थे। उन्होंने एक फॉर्म आगे बढ़ा दिया। फॉर्म भरा और नज़र उठाकर सामने देखा तो बाबूजी गायब। वाह भई वाह, मजा आ गया, क्या प्यारी हरकत की है। मतलब है, यहाँ भारतीय बाबुओं की कमी नहीं खलेगी। कुछ देर बाद बाबूजी आए, शायद 'कैश' लेने चले गए थे। चालीस डॉलर कैश कराए और उन्होंने मुझे इतने नोट पकड़ा दिए कि अगर उन्हें गिनने बैठ जाता तो शाम हो जाती। जल्दी-जल्दी उन्हें इधर-उधर रखा और आगे बढ़ा।

तेहरान में मेरे मेजबानों यानी राहुल और मोनी ने ई-मेल से बताया था कि मैं हवाई अड्डे से 'प्रीपेड' टैक्सी लेकर उनके घर आ जाऊँ। बाहर निकला इधर-उधर देखा। प्रीपेड का बूथ नज़र आ गया। मोनी के घर का पता मैंने किसी से फारसी में लिखवा लिया था, वह दिखाया। प्रीपेड बूथ पर ही टैक्सीवाले भी खड़े थे बल्कि प्रीपेड बूथ पर बैठे पुलिस के सिपाही और टैक्सीवालों के बीच बड़े घनिष्ठ सम्बन्ध दिखाई पड़ रहे थे। मुझसे दस हज़ार रियाल लिए गए और रसीद काटकर टैक्सी ड्राइवर को दे दी गई। यह बात मैं समझ नहीं पाया। मेरे ख्याल से रसीद मुझे दी जाती और मंजिल पर पहुँचकर मैं वह रसीद टैक्सीवाले को देता। ख़ैर अजनबी देश...और परदेशी...सड़क पर आते ही लगा—अरे, सारे बोर्ड, सूचनाएँ, नाम मैं पढ़ सकता हूँ। कुछ समझ न पाऊँ ये बात दूसरी है। मरकज़े शहर, शाह राहे अफ्रीका,... अरे वाह ये तो खूब रही। दिल में भ्रामक ख्याल आया कि अब कोई टैक्सी चालक मुझे उल्लू न बना सकेगा।

शहर शुरू हुआ। वही एक रंग जो हवाई जहाज से देखा था। ऊँची-ऊँची बेहिसाब इमारतें, लम्बी-चौड़ी सड़कें, सफाई, इधर-उधर पार्क और बाग...पहली नज़र में ही तेहरान बहुत आधुनिक, विकसित, सम्पन्न शहर लगा। आबादी बम्बई से ज्यादा और शहर को तीन तरफ से पहाड़ घेरे हैं। शहर चिंघाड़ता हुआ पहाड़ों के ऊपर चढ़ गया है।

मोनी के फ्लैटवाली बिल्डिंग पर पहुँच गए। टैक्सी चालक ने बड़ी सज्जनता से कहा—'टिप'। मैं जरूर देता पर मजबूरी यह थी कि मेरे पास सभी दस-दस हज़ार रियाल के नोट थे और मुझे कुछ अन्दाज़ा नहीं था कि एक दस हज़ार रियाल के नोट की हमारी करेंसी में क्या वैल्यू है। मैंने टैक्सी चालक को बताया कि 'चेंज' या छोटे नोट नहीं

हैं। उन्होंने कहा दस हज़ार रियाल उन्हें 'टिप' में दिए जाएँ। यह बात मेरी समझ में नहीं आई। यानी जितना किराया था उतनी ही 'टिप'? मैंने उन्हें 'टिप' नहीं दी जिसका उन्होंने काफी बुरा माना।

राहुल तेहरान में किसी बहुराष्ट्रीय कम्पनी में बड़े पद पर काम करते हैं। उनका फ्लैट उनके मरतबे के अनुसार ही है। उनके नौकर ने मेरा स्वागत किया, बताया कि भइया और दीदी कहीं जरूरी काम से गए हैं, शाम तक आएँगे। मनोज ने मुझे मेरा कमरा दिखाया। वाह भई वाह—बढ़िया बहुत बढ़िया...कभी-कभी फकीरों की किस्मत भी खुल जाती है।

मनोज ने चाय बनाई और उससे बातचीत होने लगी। उसने ईरानियों के बारे में बताया कि अच्छे लोग होते हैं। उसकी दोस्ती एक ईरानी टैक्सी ड्राइवर से हो गई है जो अब्दान में रह चुका है और थोड़ी हिन्दी जानता है। उससे एक बार मनोज ने कहा कि मुझे बाल कटाने हैं, मैं नहीं जानता कि दुकान कहाँ है। टैक्सी ड्राइवर न सिर्फ मनोज को बाल कटवाने अपनी टैक्सी पर बिठाकर ले गया बल्कि पैसे भी खुद ही दिए।

मनोज हमारे देश के पता नहीं कितने प्रतिशत घरेलू नौकरों की तरह पहाड़ का है—गढ़वाल। पहाड़ियों की तरह बातूनी और सीधा है। चूँकि भाषा नहीं जानता इस डर से घर के बाहर कम ही निकलता है। यहाँ आने से पहले दिल्ली में रह चुका है इसलिए मुझसे मिलकर काफी प्रसन्न हुआ और दिल्ली के बारे में काफी देर तक बातचीत करता रहा।

शाम को मोनी और राहुल आ गए। हमने विशुद्ध भारतीय खाना यानी फुलके, दाल, सब्जी, चावल वगैरा खाया और मैं इन दोनों को यह बताने की कोशिश करता रहा कि मैं ईरान क्यों आया हूँ। दरअसल ईरान आने की कोई वजह होती तो मैं बताता भी। मैं कैसे कहता कि भारतीय तोतों का एक झुंड आज मेहराबाद हवाई अड्डे पर उतरा है।

सड़क पर तेहरान

एक विद्वान (नाम मत पूछिएगा क्योंकि यह किसी विद्वान ने नहीं कहा है) ने कहा है कि किसी देश को समझना हो तो उसकी सड़कों पर जाओ। किताबों में गए तो देश को न समझ पाओगे। वैसे भी किताबों की तुलना में मैं सड़क को बेहतर समझता हूँ इसलिए अगले ही दिन से मैं तेहरान की सड़कों पर आ गया और वह भी पैदल—यानी रुक-रुककर और मुड़-मुड़कर देखने की सुविधा के साथ।

राहुल जिस इलाके में रहते हैं वह तेहरान का सबसे अच्छा इलाक़ा माना जाता है। आप जानते ही हैं सबसे अच्छे इलाके में सबसे धनवान लोग रहते हैं। इस इलाके को मैंने देखा तो मैं चकरा ही गया। पहले मैं समझ रहा था कि इस इलाके में केवल विदेशी रहते होंगे। लेकिन यहाँ तो विदेशियों से ज्यादा ईरानी हैं। इलाके की इमारतें और कारें—ये दो चीज़ें यह बता रही थीं कि धनवान—बहुत धनवान लोग यहाँ रहते हैं। उसके बाद बाजार देखे जो हर तरह की आधुनिक सुख-सुविधा से जुड़ी चीज़ों से भरे पड़े हैं। यह शहर का उत्तरी इलाक़ा है और कहा जाता है कि शाह ईरान के दौर में यहाँ केवल शाही परिवार या उनसे जुड़े लोगों के फार्म हाउस थे। कम हैसियत के आदमी का यहाँ कोई दख़ल नहीं था। आज भी यही लगा। ये बात दूसरी है कि फार्म-हाउसों की जगह गगनचुम्बी इमारतें बन गई हैं पर उनमें रहनेवाले साधारण लोग तो बिल्कुल ही नहीं हैं। बाज़ारें बड़े-बड़े शॉपिंग मॉल, यूरोप ही नहीं अमेरिका से टक्कर लेते लगे और लोगों का आचार-व्यवहार, उनके कपड़े-लत्ते, उनकी कारें, उनके परिवार—ये सब चीख-चीखकर कह रहा था कि हम सम्पन्न हैं, हम धनवान हैं, हम शक्तिशाली हैं, हम बाज़ार

को, अर्थव्यवस्था को, समाज को, देश को संचालित करते हैं।

मैंने यह खोजने की कोशिश की कि इस्लामी गणतंत्र होने के कारण यहाँ के लोगों और हमारे देश या अन्य किसी देश के लोगों में क्या अन्तर है? तेहरान का बड़ी तेजी से विस्तार हो रहा है। इमारतें बनाने का काम बहुत व्यापक और बड़े पैमाने पर किया जा रहा है। सड़कों पर 'प्रॉपर्टी' के बोर्ड नज़र आते हैं। प्रॉपर्टी के लिए यहाँ 'मस्कन' शब्द का इस्तेमाल होता है। 'मस्कन' मेरी समझ से मकान या ठिकाने के अर्थों में हमारे यहाँ इस्तेमाल होता है लेकिन यहाँ इसका अर्थ बदल गया है। सफल प्रॉपर्टी डीलर दिखे आमतौर से खाए-पिए, मोटे-ताजे, सूटबूट से लैस, क्लीन शेव, हाथों में कीमती घड़ियाँ या सोने का कड़ा जैसा कुछ, आँखों में वही शातिराना चमक और समझदारी जो हमारे यहाँ सफल प्रॉपर्टी डीलरों में होती है, वही हाव-भाव, वही अन्दाज और वही तरीक़ा नज़र आया उनमें। व्यापारी बिल्कुल वैसे ही व्यापारी लगे जैसे कहीं और हो सकते हैं। टैक्सी चालक—वैसे ही जैसे अपने हैं—यानी सवारी अगर अजनबी, अनजान और विदेशी हो तो उसकी खाल उतारने के चक्कर में। ईरान के टैक्सी चालकों से मेरे बड़े रोचक सम्बन्ध बने। उनसे बहुत कुछ सीखने को मिला जो थोड़ी-बहुत अंग्रेजी जानते हैं। एक टैक्सी ड्राइवर टूटी-फूटी हिन्दी जानता था। उससे बातचीत हुई। एक के साथ लड़ाई हो गई; फिर मेल हो गया। कुछ थोड़ा विषयान्तर होगा कि मैं टैक्सी चालकों के साथ अपने अनुभवों के माध्यम से ईरान के समाज और लोगों को समझने की कोशिशों से आपको अवगत कराऊँ।

किसी ने बताया था कि शुक्रवार को तेहरान विश्वविद्यालय में नमाज होती है, वहाँ मैं जाऊँ। जहाँ मैं ठहरा था वहाँ से विश्वविद्यालय दूर है। 'सवारी' की तलाश में कुछ छात्रों से सहायता माँगी। उन्होंने एक टैक्सी पर बैठ जाने को कहा। टैक्सीवाला उसी दिशा में जा रहा था। छात्रों ने यह भी सख़्ती से कहा कि मैं उसे सिर्फ तीन हज़ार रियाल दूँ। यह बात उन्होंने टैक्सीवाले को भी बता दी। टैक्सीवाले आमतौर पर पूछते हैं कि कहाँ से आए हो? भारत से आए हो तो क्या मुसलमान हो? मुसलमान हो तो क्या शिआ हो? इन सज्जन से भी यही बातें हुईं। उन्हें मेरे बारे में पता चल गया कि मैं शिआ मुसलमान हूँ। मंजिल पर

पहुँचकर मैंने उन्हें दस हज़ार रियाल का नोट दिया और उनसे कहा कि सात हज़ार वापस करें तो उन्होंने बड़ा बुरा-सा मुँह बनाया और समझाने लगे कि मुझे इस तरह के तीन नोट यानी तीस हज़ार रियाल देने हैं। मैंने इंकार किया। बात बढ़ गई। उन्हें गुस्सा आ गया। मैं भी परेशान हो गया। तंग आकर टैक्सीवाले ने कहा कि मैं बिना कुछ दिए ही उतर जाऊँ। मैं उतर गया। विश्वविद्यालय गया। इसके बारे में बाद में लिखूँगा कि वहाँ क्या अनुभव हुए। लेकिन जब लौटने लगा तो वही टैक्सी चालक मिल गए जो मुझे लाए थे। मुझे टैक्सी चालक से लड़ाई और कुछ न दिए बिना टैक्सी से उतर आने पर खेद भी था। उन्हें देखा तो सोचा चलो कड़वाहट को कुछ कम कर लिया जाए। मेरे बैग में काली मिर्च के कुछ पैकेट थे। बताया गया था कि ईरान में यह महँगी मिलती है और बहुत पसन्द की जाती है। मैंने टैक्सीवाले को दो मिर्च के पैकेट भेंट किए और फारसी में छपी अपनी कहानियों की पुस्तिका भेंट की। कहानियों की पुस्तिका में मेरा परिचय भी था। वे दोनों चीज़ों को पाकर प्रसन्न हुए। मैंने उनसे वापस जाने के लिए 'सवारी' पूछी। यह पूछा कि कितना दूँ? उन्होंने बहुत मुनासिब दामों यानी सिर्फ पाँच हज़ार पर मुझे एक टैक्सी में बिठा दिया जबकि वे मुझे इसी यात्रा का तीस हज़ार माँग रहे थे।

एक टैक्सी चालक जो अंग्रेजी जानते थे, प्रारम्भिक बातचीत के बाद पूछ बैठे, क्या मुझे तेहरान की सड़कों पर चलते-फिरते लोगों पर 'इस्लाम' दिखाई देता है? सवाल टेढ़ा था। जवाब पर पता नहीं क्या प्रतिक्रिया होती। धर्म का मामला वैसे भी बड़ा टेढ़ा होता है। ख़ैर, मैंने कहा, भाई चेहरों पर तो इस्लाम नज़र नहीं आता, हाँ हो सकता है इनके दिलों में हो।

टैक्सी चालक से बातचीत के दौरान पता चला कि वे चालीस साल के हो गए हैं पर शादी नहीं हुई है। पूछने पर उन्होंने कारण बताया कि उनके पास ज्यादा पैसा नहीं है। कम पैसेवालों की शादी नहीं हो पाती या बड़ी दिक़्क़त आती है। लड़कियाँ अच्छे पैसेवालों को तलाशती हैं। मैंने पूछा—तुम्हारी शादी नहीं हुई है, तुम चालीस साल के हो गए हो तो क्या करते हो? वे मतलब समझ गए। हँसे और चुप हो गए। कुछ बोले नहीं; लेकिन सवाल मेरे दिमाग़ में अटक गया था। मैंने सोचा

कभी किसी जानकार से पूछूँगा और बाद में इसका मौक़ा भी मिला।

तेहरान की सड़कों पर अगर इस्लाम दिखाई देता है तो लड़कियों/औरतों के हिजाब में या दीवारों पर लगे ऊँचे-ऊँचे धार्मिक पोस्टरों में। सबसे पहले लड़कियों के हिजाब पर बात कर ली जाए। यह कानून है कि हर लड़की/औरत का सिर पब्लिक प्लेस पर ढका होना चाहिए। निश्चित रूप से ऐसा न करने पर दंड का विधान होगा। तेहरान की लड़कियों ने सज़ा से बचने के लिए पारम्परिक हिजाब की जगह स्कार्फ बाँधना शुरू कर दिया है और वह भी आधे सिर पर पीछे की तरफ। यानी हिजाब से सीना और पीठ ढकने का सिलसिला खत्म हो गया है। काली चादर की जगह काला कोट जो घुटने के नीचे तक आता है, पहन लेती हैं। लगभग 80% लड़कियाँ लम्बे काले कोट के साथ जीन्स पहनती हैं और ये जीन्स बड़े-बड़े विख्यात अन्तर्राष्ट्रीय डिजाइनर कम्पनियों की होती हैं। जीन्स को नीचे से मोड़ा भी जाता है। यानी पलट कर ऊपर चढ़ाया जाता है। कभी-कभी जीन्स इतनी ऊपर चढ़ जाती हैं कि टखनों के ऊपर कोई छह इंच तक नंगी टाँगें दिखती हैं। कोट अक्सर इतने 'टाइट' होते हैं कि शरीर की पूरी सुन्दरता का अन्दाज़ा हो जाता है। यह कोट कभी-कभी लम्बी स्कर्ट या कुर्ते की शक्ल का भी हो जाता है। इसका रंग भी बदल जाता है और कुछ ऊँचा भी हो जाता है। चेहरे पर जितना शानदार 'मेकअप' आपको तेहरान में देखने को मिलेगा उतना सम्भवतः दिल्ली या मुम्बई में भी न मिलेगा। लड़कियाँ बहुत प्यार से, ध्यान से, कोशिश से और ढेर सारा पैसा खर्च करके अपने चेहरों को सजाती और सँवारती हैं। शायद लगता होगा शरीर का यही तो एक हिस्सा खुला है। इस पर ही ध्यान दे सकते हैं। इसी तरह पैरों का मेकअप भी देखने लायक होता है। पैरों का नेल पॉलिश से ही नहीं बल्कि चप्पलों और सैण्डिलों के नए-नए डिजाइनों से आकर्षण बढ़ाया जाता है। कभी-कभी तो आधे सिर पर रूमाल बाँधे, चुस्त और करारे कपड़े पहने, जीन्स ऊपर चढ़ाए लड़कियाँ 'हिजाब' करने के धार्मिक कानून को ठेंगा दिखाती लगती हैं।

लेकिन सिर ढकने और हिजाब करने की विवशता इतनी ज्यादा है कि कभी-कभी उसे देखकर मन खिन्न हो जाता है। कुछ ईरानी मित्रों के साथ एक नाटक का रिहर्सल देखने गया। वहाँ देखा कि रिहर्सल

करनेवाली लड़कियाँ 'हिजाब' किए हुए हैं, बताया गया यह आवश्यक है।

मैंने पूछा, क्या मंच पर भी हर तरह की भूमिका में लड़की का सिर ढका होना चाहिए?

बताया गया कि हाँ। मतलब अगर ईरानी लड़की किसी अमेरिकी लड़की की भूमिका निभा रही है, या किसी आदिवासी लड़की की भूमिका निभा रही है, तब भी उसे अपना सिर ढकना पड़ेगा। यह मंच पर ही नहीं, रिहर्सल में भी आवश्यक है। पार्क में पिकनिक करती लड़कियों, औरतों, दूर-दराज़ जंगल में, सैर तफरीह करते परिवारों की लड़कियों—सबको सब जगह सिर ढकना आवश्यक है। मेरे विचार से घर पहुँचकर ही उन्हें यह छूट होती हो तो होती हो, नहीं तो इससे निजात नहीं है। इससे बिल्कुल उलट लड़के या मर्द चाहे जैसे कपड़े पहनें, उनके लिए कोई 'ड्रेस कोड' नहीं है।

सड़क पर तेहरान की चर्चा दो बातों के बिना अधूरी रह जाएगी। पहली यह कि ऊँची-ऊँची भव्य इमारतों पर बड़े-बड़े भीमकाय चित्र और दूसरे सड़क के किनारे तेहरान के बाजार।

किसी भी नए आदमी को तेहरान की इमारतों के ऊपर बने बहुत बड़े चित्र अपनी ओर खींचते हैं। इसमें दो तरह के चित्र हैं। एक तो वे हैं जो धार्मिक नेताओं विशेष रूप से अयातउल्ला खुमैनी के विचारों और उनके क्रियाकलापों को दर्शाते हैं, दूसरे वे हैं जो ईरान-इराक युद्ध (1980-88) से संबंधित हैं। ईरान में इस्लामी गणतंत्र के स्थापित होते ही इराक ने शायद अमेरिकी इशारे पर ईरान के ऊपर चढ़ाई कर दी थी। यह निश्चय ही ईरान के लिए कठिन घड़ी थी। पूरा संसार सद्दाम हुसैन के साथ था। यहाँ तक कि सोवियत यूनियन की भी यह समझ थी कि 'साँपनाथ' और 'नागनाथ' के बीच चुनना है तो क्यों न सद्दाम रूपी साँप को ही चुन लिया जाए। इस युद्ध में पश्चिमी देश सद्दाम को समर्थन दे रहे थे और बड़े महँगे दामों पर हथियार ईरान को भी बेच रहे थे। ईरान के इस्लामी गणतंत्र ने सब कुछ इस युद्ध में लगा दिया था। उनके पास ताकत थी तो यह कि 'इस्लामी गणतंत्र' को बचाने के लिए खुले रूप में 'धर्म' का सहारा लिया गया और बलिदान की भावना के शिखर पर पहुँचाया गया। अन्ततः यह युद्ध 1988 में साठ लाख

ईरानियों और चालीस लाख इराकियों की जान लेकर शान्त हुआ था। इस युद्ध में दोनों देशों को 1.2 बिलियन डॉलर का नुकसान हुआ था। युद्ध के दौरान और उसके बाद ईरान ने अपनी ढाई लाख सेना में बढ़ोत्तरी करते हुए उसे बारह लाख पहुँचा दिया था। दोनों देशों, मुख्य रूप से ईरान की व्यवस्था चौपट हो गई थी।

इस युद्ध के बहुत से प्रभाव ईरानी जनता पर पड़े और शासकवर्ग ने पश्चिम से होनेवाले खतरे के सन्दर्भ में इस युद्ध से बहुत कुछ सीखा। आज आप ईरान के किसी भी शहर में जाएँ वहाँ आपको आबादी शुरू होते ही सड़क के किनारे उन शहीदों की बड़ी-बड़ी तस्वीरें लगी मिल जाएँगी जो इराक के साथ युद्ध में मारे गए थे। ये तस्वीरें गाँव देहात तक में लगी हुई हैं। तस्वीरों के साथ शहीदों के नाम, जिहाद की महिमा का बखान और उपलब्धियाँ आदि नारों की शक्ल में लिखी हैं। तेहरान में 'बेहेश्ते-जहरा' एक विशाल कब्रिस्तान है जिसमें प्रमुखता से ईरान-इराक युद्ध के शहीद दफन किए गए हैं। ईरान के अन्य कब्रिस्तानों में भी शहीदों की कब्र के ऊपर एक खम्भे पर शीशे के डिब्बे में शहीद का चित्र, उसकी 'मेडल' रूपी उपलब्धियाँ आदि रखी जाती हैं।

तेहरान की सड़कों पर ऊँची इमारतों की दीवारों पर ऐसे चित्र देखे जा सकते हैं जिनमें युद्ध का मैदान दर्शाया गया है। टैंक, लड़ाकू जहाज, गोलियाँ बरसाते सैनिकों की पृष्ठभूमि में एक ईरानी सिपाही का सिर अपनी गोद में रखे हुए 'इमामे ज़माना' का चित्र है और फारसी में लिखा है कि शहीदों का स्थान कितना ऊँचा है तथा स्वर्ग में जानेवाली शहादत कितनी महत्त्वपूर्ण है। इस तरह के विशाल चित्र ईरान की सड़कों पर भरे पड़े हैं। ईरान-इराक का युद्ध समाप्त हो चुका है और इराक की पूरी तस्वीर बदल गई है अब इस तरह के चित्रों को इतनी प्रमुखता देने की क्या आवश्यकता है? यह बात समझ में नहीं आई।

बाजार शब्द ईरानी है जो आज अन्तर्राष्ट्रीय शब्द बन चुका है। ईरान दो तरह के बाजारों के लिए प्रसिद्ध है। पहले वे बाजार हैं जो सड़कों के किनारे दुकानों में लगते हैं। तेहरान पहाड़ों के दामन में बसा हुआ है और ढलान उत्तर से दक्षिण की तरफ है। पहाड़ों से जो पानी

के सोते फूटते हैं उनसे बहता पानी शहर के अन्दर से होता नीचे तक पहुँचता है। यह पानी आमतौर पर साफ और ठंडा होता है। इसके बहने के लिए फुटपाथ और सड़क के बीच चौड़ी और पक्की नालियाँ बना दी गई हैं जिनसे पानी लगातार बहता रहता है। दुकानों के सामने फुटपाथ है, उसके बाद साफ और ठंडे पानी की चौड़ी नालियाँ हैं। इसके पास चिनार के पेड़ हैं और फिर सड़क है। कहीं-कहीं सड़क के बीच में भी चिनार के पेड़ और छोटे-छोटे पार्क हैं। पानी और हरियाली ईरान के बाजारों को एक श्रेष्ठता प्रदान करते हैं। पुराने शहरों जैसे इस्फ़हान आदि में पेड़ों, पानी, पार्कों के साथ-साथ पुरानी दुकानों में 'टायल्स' से की गई कलाकारी, इमारतों की बनावट, दरों और दीवारों पर किया गया 'टायल्स वर्क' बाजार की सुन्दरता को और बढ़ा देते हैं। कुछ शहरों में अब भी दुकानों के सामने बहनेवाले साफ पानी के ऊपर तख़्त रख दिए जाते हैं, उन पर कालीन बिछा दिए जाते हैं। यहाँ बैठकर कबाब खाए जा सकते हैं और चाय पी जा सकती है। इस्लामी क्रांति आने से पहले वाइन या व्हिस्की का भी चलन था लेकिन अब यहाँ पूरी तरह शराबबन्दी है। हुक्का पिया जा सकता है जो राजधानी तेहरान में इतना प्रचलित नहीं जितना अन्य शहरों में है।

दूसरी तरह की बाजारें इमारतों के अन्दर हैं। हमारे देश में चूँकि सर्दी इतनी नहीं पड़ती इस वजह से ऐसी बाजारें शायद नहीं बनतीं। आमने-सामने बनी दुकानों के ऊपर छत होती है जो ठंडी हवा और बर्फ से बचाती है। दुकानें एक लाइन में होती हैं इस तरह छत पूरे बाजार पर होती। तेहरान में इस तरह की बाजार विश्व की सबसे बड़ी बाजार मानी जाती है। इस बाजार में आप चले जाएँ तो लगता है कि एक लम्बी सड़क के दोनों तरफ दुकानें हैं और सड़क पर छत भी है। छत की बनावट ईंटों के रोचक और खूबसूरत जुड़ाव की वजह से कलात्मक लगती है। बाजार में दसियों चौराहे आते हैं जहाँ से बाजार चार तरफ बँट जाती है। छतवाली सड़कों पर कारें और दूसरे वाहन भी लाए-ले जाए जाते हैं पर प्रायः लोग पैदल ही नज़र आते हैं। इस तरह की बाजारें ईरान के सभी पुराने शहरों में हैं। लेकिन तेहरान की बाजार तो इतनी बड़ी है कि उसे पूरा घूम पाना काफी मुश्किल लगा।

ईरान के सड़कों, बाजारों में कोई भीख माँगता हुआ नहीं दिखाई

दिया। कोई फटेहाल और अधमरा भी नहीं दिखाई पड़ा। कोई कुत्ता भी नहीं नज़र आया। कोई शराबखाना नहीं है। हाँ, वहाँ दवा की दुकानों को 'दारूखाना' कहते हैं। दारूखाने के बोर्ड पढ़कर मैं चौंक जाया करता था। गोश्त की दुकानों पर लगा बोर्ड देखकर भी चौंका था। बोर्ड पर लिखते हैं 'सुपर गोश्त'। सुपर फारसी लिपि में लिखा होता है जिस पर एक जानवर के नाम का धोखा हुआ करता था जिसका मांस इस्लामी में सख़्ती से हराम करार दिया गया है।

ईरान की सड़कों और बाजारों में दुकानों के नामों के विज्ञापन और दूसरे व्यावसायिक विज्ञापनों के बोर्ड इतने कलात्मक होते हैं कि कहना ही क्या! ऐसी डिजाइन, ले-आउट, ग्राफिक वर्क, रंगों का संयोजन और संक्षिप्तता अगर और कहीं देखने को मिलती है तो पश्चिमी यूरोप या अमेरिका में। ईरान में किताबों के 'कवर', नाटक के पोस्टर, फिल्म के इश्तिहार भी बहुत कलात्मक होते हैं। इसकी पहली वजह तो शायद यह है कि फारसी में 'कैली ग्राफी' 'खत्ताती' (लेखन कला) बहुत विकसित है और लिपि के लेखन में तरह-तरह के प्रयोग किए जा सकते हैं। दूसरी वजह हज़ारों साल से चली आ रही उत्कृष्ट कला की परम्परा है।

मैं यह लिख चुका हूँ कि तेहरान में एक ही रंग का प्रभुत्व है। यह है मिट्टी और सीमेन्ट का मिला-जुला रंग—इसी रंग के यहाँ पहाड़ हैं और इसी रंग की जमीन है। इसी रंग की इमारतें हैं और इसी रंग की सड़कें हैं। यह बात नहीं है कि हरियाली नहीं है, वह है पर इतनी नहीं है कि शहर का रंग बदल सके। ईरान की पुरानी इमारतों में 'टायल्स' से की गई कलाकारी यह सोचकर और भी चमत्कृत करती है कि सैकड़ों साल पहले भी कलाकार ईरान की प्राकृतिक एकरंगता को समझते थे और उसके साथ तारतम्य बिठानेवाले रंगों का ही 'टायल्स' की कला में प्रयोग करते थे। मुख्य रंग के साथ तारतम्य बैठा हल्का नीला, पीले एक गहरा शेड, हल्का हरा जैसे रंगों का प्रयोग 'टायल्स' में किया गया है। ये रंग मुख्य रंग के साथ आँखों में चुभते नहीं बल्कि भले लगते हैं।

समझदार को इशारा

तेहरान विश्वविद्यालय के मुख्य गेट की तरफ मुँह करके खड़े हो जाएँ तो दाहिनी तरफ इन्क्लाबे-इस्लामी सड़क पर ही कुछ आगे चलकर एक कई मंजिला गोल-सी इमारत है जिसे 'थियेटर सेंटर' (The centre for dramatic arts) कहते हैं। यहाँ आने से पहले ही यह पता था कि ईरान खासकर तेहरान में थियेटर का बड़ा जोर है और वहाँ नाटकवालों से जरूर मिलना चाहिए। मोनी ने नाहीद के ज़िम्मे यह भारी काम डाला था कि मुझे 'थियेटर सेंटर' दिखाए। नाहीद अपनी पढ़ाई पूरी कर चुकी है और फिलहाल एक अख़बार में किसी अच्छी नौकरी की तलाश में काम कर रही है।

थियेटर सेंटर की काफी बड़ी और प्रभावशाली इमारत है। बताया गया कि यह इस्लामी क्रांति आने से कुछ साल पहले ही बनी थी। ईरान में लोक रंगमंच का इतिहास बहुत पुराना है। 'कॉमिक इंटरटेनमेंट' पर केन्द्रित नाट्य विधाएँ ईरान में इस्लाम आने से पहले ही प्रचलित थीं जिन्हें 'बक़्क़ालबाज़ी', 'तख्त हाउज़ी', 'सियाहबाज़ी', 'ख्यालबाज़ी', आदि नाम दिए गए थे। इन सबकी अपनी-अपनी विशेषताएँ हैं। इसके अतिरिक्त 'कठपुतली' का तमाशा भी ईरान की लोकनाट्य शैलियों में है।

इन लोकनाट्य शैलियों की कथावस्तु घरेलू झगड़े, प्रेमियों का संघर्ष, धनवान और गरीब की लड़ाई आदि हुआ करते थे। प्रायः नाटक लिखे हुए नहीं होते थे और इनका प्रमुख स्वर समाज व्यवस्था की आलोचना और मखौल उड़ाना ही होता था। इस्लाम आने के बाद कर्बला की घटना पर आधारित नाटक 'ताज़िया' का महत्त्व शुरू हुआ

और धीरे-धीरे बढ़ता चला गया। आज मोहर्रम के दस दिन ईरान के हर शहर-कस्बे और गाँव में 'ताज़िया' खेला जाता है जिसमें स्थानीय लोग कलाकारों के रूप में भाग लेते हैं और 'इमाम हुसैन' के साथ कर्बला के मैदान में घटी घटनाओं को मंच पर प्रस्तुत किया जाता है।

आधुनिक ईरानी नाटक कुछ उसी दौर में है जिस दौर में हमारा नाटक है। 'थियेटर सेंटर' कई सेवाएँ देता है। यहाँ प्रदर्शन होते हैं, रिहर्सल होती है, वर्क्सशॉप होती हैं, कोर्स चलते हैं, थियेटर पर सेमीनार होते हैं। थियेटर का अभिलेखागार है और कुल मिलाकर ईरान में थियेटर की सबसे बड़ी और शायद अकेली संस्था है।

इमारत की चक्करदार सीढ़ियों और गैलरियों में पिछले शताब्दी के थियेटर के पोस्टर, अभिनेताओं के चित्र, अख़बार की कतरनें नुमायश के लिए लगी है। इन्हें देखना रोचक इसलिए है कि इस्लामी क्रांति का प्रभाव इन पर भी दिखाई पड़ता है। हम लोग इन चित्रों को देखते चक्करदार सीढ़ियाँ चढ़ते-उतरते वहाँ पहुँचे जहाँ नाहीद का जाननेवाला ग्रुप अभ्यास (रिहर्सल) कर रहा था। निर्देशक को देखकर हबीब तनवीर की याद आ गई। वैसा ही चेहरा, वैसे ही बाल और उसी तरह का समर्पण। लड़के-लड़कियाँ मंच पर रिहर्सल कर रहे थे। लड़कियाँ यहाँ भी अपने सिर ढके हुए थीं। बताया गया कि नाटक की विषय वस्तु इस्लामपूर्व समय की कोई ईरानी गाथा है। पात्रों की वेशभूषा देखने और नाटक के स्वरूप से भी लग रहा था इसका सम्बन्ध किसी प्राचीन गाथा से ही हो सकता है। निर्देशक महोदय स्वयं भी भूमिका कर रहे थे। वे विशेष रूप से 'एक्रोबेटिक' किस्म का काम करने में बड़े दक्ष लग रहे थे। उनका शरीर दुबला-पतला और बहुत फुर्तीला था। लड़कियाँ, पता क्यों लगा कि लड़कों से अच्छा प्रदर्शन कर रही हैं। मुख्य भूमिकाएँ भी लड़कियों की थी। इस्लामपूर्व की ईरानी कथा पर आधारित नाटकों में लड़कियाँ इस्लामी युग के ईरानी कानून के अनुसार सिर ढके हुए थीं। बहरहाल राजनीतिक इच्छा या राजहठ सबसे बड़ा हठ होता है, यह सब जानते हैं।

रिहर्सल क्या पूरा नाटक देखकर हम बाहर निकले। मैं चाहता था कि नाहीद इतना समय दें कि मैं उनको चाय पिलाने के बहाने खुद चाय पी सकूँ। पर युवा पीढ़ी की नाहीद यह चाहती थीं कि मैं जितना

ज्यादा देख सकूँ उतना अच्छा है। हम एक दूसरे नाटक का रिहर्सल देखने गए। यह नाटक अत्याधुनिक 'निरर्थक थिएटर' जैसा था। बीच मंच पर एक लम्बी सी मेज़ रखी थी। उसके ऊपर एक साइकिल उल्टी लटक रही थी। मेज़ के दूसरे सिर पर कुछ बड़े-बड़े फुटबॉल लटक रहे थे। कुछ अभिनेता और अभिनेत्रियाँ संगीत (पाश्चात्य) के साथ अपने शरीर को अलग-अलग दिशाओं में, अलग-अलग ढंग से तोड़-मरोड़, मटका, लचका, घुमा, फिरा, गिरा, उठा, लिटा, सिटा रहे थे। कुछ अभिनेता मेज़ के नीचे थे, यही कर रहे थे। एक लड़की साइकिल का एक पहिया नचा रही थी और उस पर कभी-कभी अपने पूरे शरीर को घुमा रही थी। तेज संगीत के साथ प्रकाश भी कई-कई रंगों में और कई-कई तरह से आ-जा रहा था। सभी पसीने-पसीने थे। इस कड़े अभ्यास में उनका शरीर, मेज़, कुर्सी, साइकिल, पहिए, गेंदों से रगड़ता था और निश्चय ही लम्बे समय तक यह करते रहने में बहुत मेहनत लग रही होगी। यहाँ भी लड़कियों ने हिजाब किया हुआ था।

हम लगातार बीस मिनट तक बिना रुके यह सब देखते हैं। अचानक मेरे दिमाग़ में यह ख्याल आया कि यह 'निरर्थकता' कहीं 'सार्थकता' के ऊपर व्यंग्य और विरोध तो नहीं है। अब मैं नाटक को दूसरे ढंग से देखने लगा और मेरे ऊपर उसके अर्थ खुलने लगे—कहीं ये 'थेरेपी' तो नहीं है? नाटक तो वैसे ही 'थेरेपी' कहलाता है, बहरहाल सवाल अनेक हैं और समझनेवालों को इशारा काफी है।

सीढ़ियों से नहीं लिफ्ट से हम ऊपर आए, कैंटीन में गए चाय पीने लगे। ईरानी चाय के साथ दूध नहीं पीते। चाय में शक्कर नहीं डालते बल्कि शक्कर का एक डला (क्यूब) मुँह में रखकर चाय का घूँट लेते हैं। यही तरीक़ा जारी रहता है। इसका अभ्यास करना पड़ता है। आज मेरा चौथा दिन है इसलिए कुछ संकट है। वैसे भी बिना दूध की चाय, बिना नींबू डाले कुछ 'खास' ही लगती है।

मुख्य हॉल में नाटक चल रहा है। हमारे पास टिकट नहीं है। नाहीद कहती है कि मैं अगर कुछ झलकियाँ देखना चाहूँ तो वह कोशिश कर सकती है।

कुछ देर बाद हम चोरों की तरह मुख्य हॉल में घुसते हैं। मुझे डर नहीं कि अगर बिना टिकट पकड़ लिए गए तो क्या होगा। यह लड़की

सुलटेगी। बैठ गए। सामने मंच के दाहिनी बाईं तरफ धार्मिक नेताओं के चित्र लगे थे। मंच बहुत बड़ा था। उसको खानों (हिस्सों) में बाँट दिया गया था। ऐसा लगता था जैसे बहुत बड़ी कबूतरों की काबुकें हों। हर खाने में दो पात्र थे। घर या जहाँ भी वे हैं, उसका सेट था। कभी प्रकाश एक खाने पर पड़ता था तो वहाँ बैठे पात्र संवाद बोलने लगते थे। बाकी खानों के पात्र खामोशी से अँधेरे में बैठे रहते थे, पर दिखाई देते रहते थे। नाहीद ने बताया कि ये सब पात्र एक ही परिवार के हैं और कहानी उन सबके बीच घूमती रहती है। बात कुछ-कुछ समझ में आने लगी। अभिनय का स्तर अच्छा था। कहना चाहिए बहुत अच्छा लगा। प्रकाश व्यवस्था, मंच सज्जा तकनीकी दृष्टि से मैं कोई कमी न निकाल सका।

थियेटर के चायखाने के बाहर किताबों की दुकान थी। वहाँ नाहीद मुझे किताबें दिखाने लगीं। ईरान के एक प्रसिद्ध नाटककार-निर्देशक बहज़ाद के नाटक दिखाए और बताया बहज़ाद इस्लामपूर्व ईरान की कथाओं को अपने नाटकों का आधार बनाते हैं। दिमाग़ में फिर घंटी बजने लगी। यह नाटक खत्म होने की घंटी नहीं थी—यह जानने की घंटी थी कि अभी जो रिहर्सल देखे उनमें से एक इस्लामपूर्व कथा पर आधारित था। दूसरा भी निश्चय रूप से इस्लामी मूल्यों पर आधारित नाटक नहीं था। तीसरे बहज़ाद साहब से परिचय हुआ जो इस्लामपूर्व कथानक चुनते हैं।

भारतीय होने का अर्थ

मीरदामाद सड़क से कुछ हटकर हम एक ऊँची इमारत के सामने पहुँचे। शादाब मुझे पहले ही बता चुके थे कि यहाँ पार्टी है जिसमें नाटक, फिल्म और स्वयंसेवी संस्थाओं से जुड़े लोग आएँगे। शादाब युवा आर्किटेक्ट है और फिलहाल बेकार है लेकिन कहीं-कहीं थोड़ा-बहुत काम मिलता रहता है। पक्की नौकरी नहीं है। शायद करना भी नहीं चाहते।

लिफ्ट लेकर ग्यारहवीं मंजिल पर पहुँचे। फ्लैट के अन्दर जाते ही यह लगा कि जो लोग रहते हैं, सम्पन्न हैं। न केवल यह काफी बड़ा ड्राइंगरूम था बल्कि सभी आधुनिक सुविधाओं से पूरी तरह लैस था। कीमती फर्नीचर, सज़ावट का महँगा सामान, महँगे कालीन, वगैरा-वगैरा। यह मैं विश्वास के साथ कह सकता हूँ ईरान के मध्यम और उच्च मध्यमवर्ग का जीवन स्तर भारतीय स्तर से बहुत ऊँचा है। कारण क्या है यह मैं नहीं बता सकता। यह रीज़ा का घर है जो किसी समाचार-पत्र में काम करते हैं। धीरे-धीरे सबसे मेरा परिचय होता चला गया। कुछ ही लोग अंग्रेजी में बातचीत कर सकते थे, यह जानकर आश्चर्य हुआ। पूछने पर कि कारण क्या है रीज़ा ने बताया कि इस्लामी क्रांति के बाद यहाँ अंग्रेजी की शिक्षा बन्द कर दी गई थी। अंग्रेजी को साम्राज्यवाद और अमेरिका का प्रतीक माना जाता था। लगभग दस साल बाद यह पता चला कि अंग्रेजी के बिना काम नहीं चल सकता इस कारण फिर से अंग्रेजी की पढ़ाई शुरू की गई। पर एक पूरी पीढ़ी अंग्रेजी से दूर होती चली गई। लेकिन अब फिर अंग्रेजी सीखने का चलन बढ़ रहा है।

"लेकिन यह सोचिए कि अगर आप ईरान चार सौ साल पहले

आए होते तो क्या हम अंग्रेजी में बात करते?'' शादाब ने पूछा।

''बिल्कुल नहीं...हम फारसी में बात करते जो उस ज़माने की विश्व भाषा थी।'' मैंने कहा।

''फारसी सांस्कृतिक साम्राज्य...मैं केवल भाषा की बात कर रहा हूँ। संस्कृति की बात कर रहा हूँ, शायरी की बात कर रहा हूँ—ईरान का सांस्कृतिक प्रभाव बहुत व्यापक था। इसमें इराक, ईरान ही नहीं बल्कि मध्य एशिया के सारे देश और भारतीय उपमहाद्वीप शामिल थे।'' रीज़ा कहने लगा।

''भारत के साथ यह दिलचस्प रिश्ता था। पंचतंत्र का अनुवाद सम्भवतः सबसे पहले बारहवीं शताब्दी में संस्कृत से फारसी में हुआ था। यह फारसी अनुवाद यूरोप पहुँचा और पंचतंत्र पूरे संसार के सामने आया। महाभारत का अनुवाद ही नहीं हुआ उत्तर भारत के प्रमुख भारतीय ग्रंथों के फारसी में अनुवाद किए जाते थे।'' मैंने उन्हें बताया।

रीज़ा ने कहा—''अफसोस की बात है कि हमें इन अनुवादों के बारे में पूरी जानकारी नहीं है।''

ईरान के बुद्धिजीवियों से बात करते हुए हल्का-सा यह आभास होता है कि वे अपने को बहुत नहीं तो कुछ 'विशिष्ट' मानते ही हैं। एक तरह का 'नाक ऊँची' है, वाला भाव दिखाई पड़ जाता है। रूमी, हाफ़िज़, शीराज़ी, उमर-ए-ख़य्याम ने व्यर्थ कविता नहीं लिखी है।

बात यहाँ आ पहुँची कि अब ईरान तक पहुँचने का माध्यम अंग्रेजी है। भारत में ईरान के सभी समाचार अंग्रेजी के माध्यम से पहुँचते और निश्चित रूप से अन्तर्राष्ट्रीय समाचार एजेन्सियाँ ईरान के समाचारों के प्रति अपना विशेष दृष्टिकोण रखती है। यही नहीं भारत और ईरान के बीच आज कोई जीवन्त सांस्कृतिक आदान-प्रदान नहीं है। कितने लोग हैं भारत में जो आज के ईरान की कला, साहित्य या समाज को जानते हैं? यही हाल ईरान में भारत को लेकर है। सरकारें तो 'राजकाज' में व्यस्त रहती हैं। दूतावासों के पास इतना काम होता है, इतना काम होता है, इतना काम होता है कि रात-दिन काम ही करते रहते हैं। उन्हें साहित्य और संस्कृति की तरफ देखने का भी समय नहीं मिल पाता। यही वजह है कि ईरान के युवा बुद्धिजीवी भारत के बारे में लगभग कुछ नहीं जानते। अगर कुछ जानते हैं तो यह कि भारत एक गरीब देश है।

इस पार्टी में मेरा परिचय मरियम नामी एक महिला से हुआ जो महिलाओं पर केन्द्रित एक स्वयंसेवी संस्था चला रही हैं। मरियम पहले पैरिस में रहती थीं और आजकल तेहरान में हैं। मरियम से मालूम हुआ कि ईरान में पारिवारिक सम्बन्ध तनावपूर्ण हैं और महिलाओं की स्थिति बहुत अच्छी नहीं है। उन्होंने यह भी चर्चा की कि शाह के विरुद्ध जो आन्दोलन हुआ था उसमें ईरानी महिलाओं की महत्त्वपूर्ण भूमिका थी और सत्ता हस्तान्तरण के बाद महिलाओं की अपेक्षाएँ पूरी नहीं हुईं। हिजाब के बारे में उनकी राय थी कि यह शासकवर्ग को एक सुविधाजनक प्रतीक मिल गया जिसके आधार पर वे यह सिद्ध करते हैं कि ईरान में इस्लामी गणतंत्र है। मुझे लगा कि मरियम ईरान की पढ़ी-लिखी-बुद्धिजीवी महिलाओं का प्रतिनिधित्व कर रही हैं। जहाँ तक हिजाब का सवाल है, उसे प्रायः महिलाएँ नियम और कानून के कारण ही स्वीकारती हैं। पर यह स्थिति छोटे शहरों और ग्रामीण इलाक़ों में नहीं है। चूँकि विकास की दर पूरे देश में समान नहीं है इसलिए विचारों में बहुत अन्तर दिखाई देता है।

इसी पार्टी में कुछ थियेटर अभिनेताओं से बात हुई। उन्हें यह जानने में बड़ी रुचि थी कि भारत में थियेटर कैसा होता है? विशेष रूप से लोक शैलियाँ कैसी हैं? उनमें क्या-क्या भिन्नताएँ हैं। ईरान की धार्मिक और लोक शैली ताज़िया के बारे में बात होती रही।

खाने की मेज़ पर ईरान मेहमाननवाज़ी का परिचय हुआ। दिल्ली में ही मुझसे कुछ लोगों ने, जो ईरान को जानते हैं, कहा था कि ईरानी बड़े मेहमाननवाज होते हैं। यहाँ सड़कों पर घूमते हुए भी उसका पता चल जाता है।

जैसे बड़े और सुर्ख अनार यहाँ देखे वैसे दुनिया में और कहीं नहीं नज़र आते। एक दिन सड़क के किनारे बनी एक दुकान से अनार का शर्बत पिया। शर्तिया इतना अच्छा अनार का शर्बत जीवन में पहली बार पिया था। पैसे देने के बाद यह लगा कि एक गिलास और पीना चाहिए। मैंने दुकानदार से एक गिलास और देने के बारे में कहा तो वह समझा कि मैं एक गिलास का दाम देकर दो गिलास पीना चाहता हूँ। मैंने समझाना चाहा पर नहीं समझ पा रहा था। इतने में एक पढ़ा-लिखा युवा ईरानी आया। वह अंग्रेजी जानता था। उसने मेरी मदद

की। यह जानने के बाद कि मैं भारतीय हूँ उसने मेरे पैसे भी दे दिए और कहा—यू आर अवर गेस्ट (आप हमारे मेहमान हैं)। यह एक-दो बार टैक्सियों में हुआ। सहयात्रियों को पता चला कि मैं भारतीय हूँ तो उन्होंने टैक्सीवाले को मेरा किराया भी दे दिया। एक बार तेहरान से क़ुम जा रहा था तो लोगों ने बस का किराया ही दे दिया।

ईरान आज़रबाईजान के बॉर्डर पर पड़नेवाले कस्बे में ईरान का नक्शा खरीदा तो दुकानदार ने यह जानने के बाद पैसे लौटा दिए कि मैं भारतीय हूँ। चाय-वाय पिला देना तो मामूली बात थी।

यह है ईरान में भारतीय होने का अर्थ।

तेहरान में पहला जुमा

तेहरान विश्वविद्यालय देश के बुद्धिजीवियों का गढ़ माना जाता है। राष्ट्रीय चेतना के विकास और साम्राज्यवादी शक्तियों से संघर्ष के इतिहास में भी तेहरान विश्वविद्यालय की महत्त्वपूर्ण भूमिका रही है। शाह विरोधी आन्दोलन और सुधारवादी प्रवृत्तियों की शुरुआत भी यहीं से हुई थी। इसमें शक नहीं कि तेहरान विश्वविद्यालय देश की नब्ज है। एक ज़माना या जब यहाँ वामपंथ का जोर था, लेकिन अब ऐसा नहीं है। यह जरूर है कि इस्लामी क्रांति के बाद जो उदारवाद की लहर आई है और जो पिछले राष्ट्रपति रफ़संजानी तक आती है, उसके सूत्र भी तेहरान विश्वविद्यालय में मिलते हैं।

मुझे बताया गया कि तेहरान विश्वविद्यालय में जुमे की नमाज होती है जिसे देखना आवश्यक है। पहला सवाल तो दिमाग़ में यही उठा कि विश्वविद्यालय में क्यों होती है? क्या हर जगह की तरह यहाँ जुमा मस्जिद है? फिर सोचा हो सकता है विश्वविद्यालय में कोई बड़ी मस्जिद हो और वहाँ नमाज होती हो। यह भी सम्भव लगा कि शायद बुद्धिजीवियों के गढ़ में नमाज होने का कोई प्रतीकात्मक कारण हो। बहरहाल यह तय कर लिया कि जाऊँगा।

ख़्याल था कि जुमे के दिन शहर में बसें न चलती होंगी। दुकानें बन्द होंगी। आना-जाना कठिन होगा पर फ्लैट से निकलने के बाद ऐसा नहीं लगा। मैं तेहरान विश्वविद्यालय के सामनेवाली सड़क पर पहुँच गया। इधर-उधर जो बड़े चौराहे थे वहाँ ट्रैफिक बन्द था। मेरा ख्याल था कि शायद विश्वविद्यालय परिसर के बाहर सड़क तक नमाज पढ़नेवाले होंगे। उसी तरह जैसे दिल्ली की जामा मस्जिद में जुमे के दिन

नीचे सड़क तक नमाज पढ़नेवाले दरियाँ बिछाकर नमाज पढ़ते हैं, लेकिन यहाँ ऐसा न था। मैं विश्वविद्यालय जानेवाली मुख्य सड़क पर पैदल आगे बढ़ने लगा। पुलिस फाटक का तो पक्का इन्तजाम था लेकिन सड़क खाली नज़र आई। विश्वविद्यालय के दो गेटों से लोग अन्दर जा रहे थे। एक गेट से कारें अन्दर जा रही थीं और दूसरे गेट से पैदल जानेवाले जा रहे थे। पैदल जानेवालों का 'स्क्युरिटी चेक' हो रहा था। मैंने यह भी देखने और समझने की कोशिश की कि नमाज पढ़नेवालों की भीड़ किस तरह के लोगों की है। लगा कि ज़्यादातर मध्यम और अधिकतर निम्न मध्यवर्ग के लोग हैं। बुद्धिजीवी नहीं हैं। जो जा रहे हैं वे सरकारी कर्मचारी, दुकानदार, पेशेवर और बूढ़े आस्थावान लोग हैं। लाउडस्पीकर पर कुछ एलान हो रहे थे। नमाज में अभी वक़्त था इसलिए मैं सड़क पर आगे बढ़ता चला गया। मुख्य सड़क पर दुकानें बन्द थीं लेकिन गलियों में कुछ दुकानें खुली थीं। इसी सड़क पर आगे सिटी थियेटर की इमारत है। मैं वहाँ पहुँच गया। इमारत के सामने बनी बेंचों पर लोग बैठे थे। वहाँ से आगे एक पार्क है। पार्क में भी काफी लोग नज़र आए। एक बेंच पर बैठकर इधर-उधर नज़र दौड़ाई तो एक तरफ एक लड़की और लड़का बैठे दिखाई दिए। लड़की हिजाब किए थी पर यह जोड़ा प्रेमी-प्रेमिका ही हो सकते थे क्योंकि उनके हाव-भाव और बातचीत करने का ढंग वैसा ही था। दोनों एक मोबाइल फोन से खेल रहे थे। लड़के के हाथ से लड़की फोन छीन रही थी और इस खेल में दोनों के जिस्म टकरा रहे थे। वे एक-दूसरे का हाथ पकड़ रहे थे। फिर लड़के ने पीठ के पीछे से लड़की के कंधे पर हाथ रख दिया। मेरे पास वाली बेंच पर एक सज्जन कई अख़बार लिए बैठे पढ़ रहे थे। सामने एक विदेशी पर्यटक अपना बड़ा-सा बैक पैक रखे बैठा ऊँघ रहा था जैसे कि रात भर सोया न हो। कुछ बच्चे खेल रहे थे। मध्यवर्गीय परिवार खाने-पीने का सामान रखे पिकनिक कर रहे थे। तेज़ चटकती हुई धूप में पेड़ों के सायों में ही चहल-पहल थी।

शिआ विश्वासों में पानी का बड़ा महत्त्व है क्योंकि कर्बला के मैदान में इमाम हुसैन की विरोधी सेना ने उन पर पानी बन्द कर दिया था। इमाम हुसैन और उनके सभी प्यासे साथियों की हत्या कर दी गई

थी। इसलिए पानी पिलाना शिआ समाज में आज भी महत्त्वपूर्ण है। यहाँ पार्क में ठंडे पानी की व्यवस्था थी। सब पानी पी रहे थे। मैंने भी छककर ठंडा पानी पिया और सोचा चलो अब नमाज का वक़्त हो गया है।

मैं जब विश्वविद्यालय के गेट के सामने आया तो नमाज खत्म हो चुकी थी। मुख्य सड़क पर गेट के सामने एक बड़ी सी गाड़ी (यह कोई छोटा ट्रक रहा होगा) जो चारों तरफ से हमारे मोहर्रम के ताजिए जैसी थी, खड़ी थी। इस पर हार, फूल-मालाएँ वगैरा सजी थी। सामने बने प्लेटफार्म पर तीन-चार लोग खड़े थे। नीचे से लोगों ने गाड़ी को घेर रखा था और गाड़ी के ऊपर खड़े लोगों की तरफ रुपए बढ़ाते थे जिन्हें अन्दर डाल दिया जाता था और रुपए देनेवाले को रोटी का टुकड़ा या कोई छोटा-मोटा सामान या उन्हीं का दिया नोट फूलों की झालर से छुआ कर उन्हें वापस कर दिया जाता था। मैं इसे देखता रहा। यह गाड़ी धीरे-धीरे आगे बढ़ रही थी। मैं उससे दूर फुटपाथ पर चल रहा था। चाहता तो यह था कि इसके चित्र खींचता लेकिन जानबूझकर कैमरा नहीं लाया था। राहुल ने बताया था कि तस्वीरें खींचना तेहरान में खतरनाक साबित हो सकता है। दो-चार हफ्ते पहले ही तस्वीरें खींचने के चक्कर में तेहरान की पुलिस ने बी.बी.सी. के एक पत्रकार को पकड़ लिया था। जिस दिन पकड़ा था उसी दिन शाम को उसे वापस जाना था। बहरहाल बड़ी कोशिशों से वह छोड़ा गया था। यह सुनकर मैंने तय किया था कि तेहरान में कैमरा लेकर निकलने से क्या फायदा। बहरहाल इतनी एहतियात के बावजूद मैं कुछ सप्ताह बाद तेहरान में ही फोटो खींचने के जुर्म में पकड़ा गया था। यह कहानी आगे सुनाई जाएगी।

ताज़िएवाली गाड़ी आगे बढ़ती रही। अगले चौराहे पर आकर वह यात्रा समाप्त हो गई।

दोस्त अकेला दुश्मन ज़माना

ईरान का दुश्मन कौन है यह तय हो चुका है। दोस्त कौन है यह तय होना बाकी है। ईरान इस्लामी गणराज्य है और तर्क यह कहता है कि ईरान की मित्रता सऊदी अरब से होनी चाहिए क्योंकि वहाँ भी इस्लामी निज़ाम (व्यवस्था) चलती है। पर ऐसा नहीं है। कई कारण हैं। पहला तो यह कि ईरान के मुसलमान शिआ हैं। इस्लाम के पूरे इतिहास में शिआ-सुन्नी एक-दूसरे से काफी अलग खड़े दिखाई देते हैं। दूसरा कारण है सऊदी अरब—एक अरब देश है। यह माना जाता है कि अरबों (अरब मुसलमानों) ने ही ईरानियों को पराजित कर ईरानी सत्ता को समाप्त किया था। इसलिए अरबों से दूरी स्वाभाविक है। तीसरा कारण यह है कि ईरानी अपने आपको अरबों से अधिक सुसंस्कृत, परिष्कृत, सभ्य मानते हैं। राजनीतिक स्तर पर सऊदी अरब अमेरिका का मित्र है और ईरान शत्रु।

जहाँ तक आसपास के देशों का सवाल है आज़रबाईजान को छोड़कर अन्य किसी पड़ोसी देश में बड़ी शिआ आबादी नहीं है। तुर्कमिनिस्तान, उज्बेकिस्तान, ताजकिस्तान, किरगिस्तान और काज़ाकिस्तान भूतपूर्व सोवियत यूनियन के हिस्से थे। वहाँ शिआ आबादी काफी कम या बिल्कुल नहीं है। इसके साथ सोवियत यूनियन में रहने के कारण उनके समाजों में धर्म का इतना महत्त्व नहीं है जितना ईरान के समाज में है। आज़रबाईजान में शिआ आबादी है लेकिन वे काफी अलग तरह के शिआ हैं। बाकू (आज़रबाईजान की राजधानी) में एक टैक्सी ड्राइवर से बातचीत के दौरान मैंने पूछा था—

"तुम शराब पीते हो?"

"हाँ, पीता हूँ।"

"तुम सूअर का गोश्त खाते हो?"

"खाता हूँ।"

"तब तुम मुसलमान कैसे हुए?"

"क्यों? शराब पीने और सूअर का गोश्त खाने का इस्लाम से क्या ताल्लुक?" उसने भोलेपन से पूछा था।

अब निश्चित रूप से ऐसे मुसलमानों को ईरान अपना मित्र नहीं मान सकता। संसार में कोई दूसरा देश जहाँ बड़ी शिआ आबादी हो, वह इराक है। दरअसल ईरान और इराक युद्ध की पृष्ठभूमि का यह भी एक गणित था। जहाँ तक इराक के शिओं का सवाल है वे निश्चित रूप से ईरान के समर्थक हैं और ईरान उन्हें समर्थन देता है। पर यहाँ मुश्किल यह है कि इराक में सुन्नी भी हैं और इराक की सरकार औपचारिक तौर पर ईरान से मित्रता बनाने के कारण संकट में पड़ सकती है। इसलिए देखा जाए तो ईरान के मित्रों की सूची में पाकिस्तान ही हो सकता था पर वह अमेरिका के प्रभाव में इतना अधिक है कि ईरानी घबराते हैं। भारत भी ऐसे मित्रों की ऐसी सूची है जिस पर अधिक विश्वास नहीं किया जा सकता। इस तरह देखा जाए तो ईरान मित्रविहीन देश है।

तेहरान में मैट्रो के तालेगानी स्टेशन के पास अमेरिकी दूतावास की वह ऐतिहासिक इमारत है जिसके अन्दर ईरानी आतंकवादियों ने 1979 में 90 अमेरिकी राजनायिकों को बन्धक बना लिया था। बन्धक बनाए जाने के दो सप्ताह बाद 13 अमेरिकी महिलाओं को मुक्त कर दिया गया था। आतंकवादियों का समर्थन पूरा ईरान और अयातउल्ल खुमैनी कर रहे थे। उनकी कई माँगों में एक माँग यह थी कि अमेरिका में शरण लिए शाह को वापस ईरान भेजा जाए ताकि उन पर मुकदमा चलाया जा सके।

अमेरिकन दूतावास के बन्धकों को छुड़ाने के नाटकीय प्रयासों में आठ अमेरिकी सैनिक मारे गए थे। दोनों देश के राजनयिक सम्बन्ध टूट गए थे। ईरान ने 444 दिन के बाद 52 अमेरिकी बन्धक रिहा किए थे।

आज अमेरिका और ईरान के बीच राजनयिक रिश्ते नहीं हैं।

अमेरिकी दूतावास की इमारतों पर बड़े-बड़े अक्षरों में अमेरिका विरोधी नारे लिखे हुए हैं। इनमें कुछ इस प्रकार हैं–'अमेरिका की मौत,' 'अमेरिका को कुचल दो,' 'हम अमेरिका को पराजित करेंगे' आदि-आदि।

ईरान और अमेरिका के कटु रिश्तों का इतिहास पुराना है। ईरान के तेल पर अपना और पश्चिम का अधिकार जमाए रखने के लिए अमेरिका ने जो हिंसक, आपराधिक और घृणास्पद काम किए हैं उनकी सूची लम्बी है। कहा जाता है 1979 में अमेरिका दूतावास पर कब्जा और अमेरिकी राजनयिकों को बन्धक बनाए जाने की कार्यवाही 1953 में सी.आई.ए. द्वारा ईरान के राष्ट्रीय नेता और निर्वाचित प्रधानमंत्री गुलाम मुहम्मद मोसद्दिक के तख़्ता पलटने और हत्या से जुड़ता है। इसके परिणाम स्वरूप लाखों ईरानियों को जेल में कड़ी यातनाएँ दी गई थीं। हज़ारों की हत्याएँ की गई थीं। बड़ी संख्या में लोग देश छोड़कर भाग गए थे। ईरान का पूरा इतिहास ही पलट गया था। शाह को सत्तारूढ़ करने के बाद सी.आई.ए. का शिकंजा ईरान पर बहुत सख़्त था। हत्याओं और यातनाओं का सिलसिला लगातार चला था।

सी.आई.ए. की दस्तावेज़ों से ही अब पक्के प्रमाण उपलब्ध हैं कि ईरान के राष्ट्रवादी प्रधानमंत्री की सत्ता पलटने के लिए अमेरिका और ब्रिटेन ने जनरल फ़ज़लउल्ला जाहिदी और सेना को पाँच मिलियन डॉलर दिए थे। उस समय ईरान में कम्युनिस्ट पार्टी प्रभावशाली थी जो निर्वाचित प्रधानमंत्री को समर्थन दे रही थी। सी.आई.ए. ने अपने एजेंटों द्वारा ईरान के धर्म गुरुओं पर हमला कराए थे और यह प्रचार किया था कि हमले कम्युनिस्ट कर रहे हैं। इस तरह जनता कम्युनिस्टों के ख़िलाफ़ हो गई थी। इसके बाद सेना सड़कों पर निकल आई थी। पश्चिम में ईरान की नाकाबन्दी कर दी थी और उनके बैंकों में जो ईरान का धन था उसे जब्त कर लिया था। इस कारण अराजकता फैल गई थी। शाह ने निर्वाचित सरकार भंग कर दी थी और मोसद्दिक को फाँसी पर लटका दिया गया था। ईरान के तेल पर अमेरिका और ब्रिटेन की कम्पनियों का एकाधिकार हो गया था जो निर्बाध रूप से शाह के पतन 1978 तक लगातार क़ायम रहा। न सिर्फ ईरान के तेल पर एकाधिकार के कारण अमेरिकी कम्पनियों ने अकूत सम्पत्ति बटोरी बल्कि अमेरिका ने ईरान को 1950-1977 के बीच 18.1 बिलियन

डॉलर के हथियार बेचकर भी भारी मुनाफा कमाया था।

शाह की ख़ुफ़िया पुलिस 'सवाक' द्वारा किए गए अत्याचारों का खुलासा करते हुए एमनेस्टरी इंटरनेशनल ने 1976 में रिपोर्ट लिखा था कि 'संसार में सबसे अधिक मृत्यु दंड ईरान में दिया जाता है। किसी तरह की वैधानिक अदालतें नहीं हैं और अत्याचार का इतिहास अविश्वसनीय है। संसार का कोई देश ऐसा नहीं है जिसका मानव अधिकार रिकॉर्ड ईरान से खराब हों। शाह की सीक्रेट पुलिस 'सवाक' को सी.आई. से पूरी ट्रेनिंग, हथियार और सहयोग मिला करता था।

यह वह पृष्ठभूमि है जो ईरान और अमेरिका के रिश्ते को समझने के लिए आवश्यक है। ईरान का शत्रु नम्बर एक अमेरिका है। इसके बाद अमेरिकी गुट के अन्य देश जैसे ब्रिटेन आदि हैं।

अमेरिका विरोध के बावजूद ईरान में अमेरिकी जीवन शैली बहुत लोकप्रिय है, विशेष रूप से युवाओं के बीच जीन्स, अमेरिकी खान-पान, अमेरिकी फिल्मों का प्रचलन बढ़ रहा है। अमेरिकी पद्धति के अनुसार घरों की सजावट और स्वरूप बहुत लोकप्रिय है। जिस तरह अमेरिका ने सोवियत जनता के मन पर अमेरिका की सम्पन्नता का सिक्का बैठाया था तथा उसे अनुकरणीय बताया था, उसी तरह ईरानियों के साथ भी किया जा रहा है। अमेरिकी कम्पनियों की जीन्स पहनना, अमेरिकी फैशन का अनुकरण करना और अमेरिकी जीवन मूल्यों के प्रति उत्साह दरअसल एक प्रकार के व्यवस्था विरोध का प्रतीक भी बन गया है। यह बहुत रोचक है कि राजनीतिक स्तर पर अमेरिका विरोध सांस्कृतिक क्षेत्र में अमेरिका समर्थन में बदल जाता है। राजनेताओं तथा धार्मिक नेताओं के अन्दर अमेरिका से लोहा लेने की सशक्त इच्छा है लेकिन देखना यह होगा कि जनता में यह शक्ति कितनी है। कहा जाता है कि किसी भी राष्ट्रीय संकट के क्षण में ईरान में अद्वितीय एकता स्थापित हो जाती है। लेकिन 1953 का सी.आई.ए. द्वारा आयोजित तख़्ता पलटना, शाह का शासन और उसके बाद के हालात इस पर प्रश्नचिह्न लगाते हैं।

पार्टी में जोर आ गया था। बड़े लिविंग रूम में धुआँ भर गया था। सिगरेट न पीने के बावजूद यह पता लगाने में देर नहीं लगी कि यह केवल तम्बाकू का धुआँ नहीं है। कुछ लोग तम्बाकू में मिलाकर कुछ

और पी रहे थे। ऐसा बताया गया चरस, अफीम और मरीजुआना आदि के नशे प्रायः बुद्धिजीवियों में प्रचलित हैं। जहाँ तक शराब का सवाल है वह बाजारों में उपलब्ध नहीं है लेकिन चोरी-छिपे मिलती है और इसी कारण बहुत महँगी होती है। ईरानी विदेशी राजनयिकों से शराब एक अमूल्य तोहफ़े के रूप में स्वीकार करते हैं। चोरी छिपे मिलनेवाली शराब वोदका किस्म की एक तेज शराब है जो पानी जैसी होती है।

खुरचन

मूनिस आग़ाई चित्रकार है। किसी कॉलेज में पार्टटाइम पढ़ाते हैं। उनकी पत्नी मीना भी चित्रकार है। मूनिस से मेरी मुलाकात पार्टी में हुई थी और उन्होंने बड़ी लाचारी से कहा था कि मैं अंग्रेजी नहीं बोल सकता। मैं यह सुनकर खुश हुआ था क्योंकि जो आदमी अंग्रेजी में यह कह सकता है कि मैं अंग्रेजी नहीं बोल सकता, वह निश्चित रूप से उतनी अंग्रेजी जानता है कि उससे बातचीत की जा सके।

मूनिस के पास चूँकि वक़्त, दूसरों के मुकाबले थोड़ा ज्यादा रहता है इसलिए वे मेरे साथ सड़कें नापने के काम में शामिल हो गए हैं। मैंने उन्हें अपना 'बिरादरे .खुर्द' यानी छोटा भाई बना लिया है। मूनिस मुझे आर्ट गैलरियों, साहित्य सभाओं, अख़बारों के दफ्तरों, किताबों की बड़ी दुकानों, बाजारों, कबाब के ढाबों, पार्कों, संग्रहालयों में ले गए। धीरे-धीरे उनसे बेतकल्लुफी हो गई। वे यह समझ गए कि मैं आधी से ज्यादा बातें मजाक में करता हूँ और मेरे सरोकार, धर्म, जाति, देश वगैरा में नहीं बल्कि सिर्फ आदमी में हैं, इंसान में हैं। मूनिस भी इसी किस्म के आदमी हैं। वे ईरानी समाज की आलोचना बहुत धैर्य से सुनकर उस पर अपनी राय ज़ाहिर करते हैं।

एक दिन युद्ध और शहादत दर्शाते बड़े चित्रों को देखकर मैंने उनसे पूछा था कि यह क्या है? उनका संक्षिप्त उत्तर था—राजनीति। मूनिस ने बताया कि उनके पिता इस्लामी क्रांति में बहुत सक्रिय थे और उन चंद लोगों में से है जो अयातउल्ला खुमैनी के काफी निकट थे। इस्लामी क्रांति के बाद उन्हें कोई पद भी दिया था पर अब वे काफी बूढ़े हो चुके हैं और घर पर ही रहते हैं।

अपने पिता से भिन्न मूनिस इस्लामी क्रांति और ईरान की समाज व्यवस्था और धर्म के सम्बन्धों से बहुत सहमत नहीं हैं। उनका मानना है कि ईरानी समाज में गैरबराबरी, बेरोजगारी बढ़ रही है दूसरी ओर सम्पन्नता और धनाढ़यता भी बढ़ रही है। यह इस्लामी समाज का लक्षण नहीं है। उन्होंने अपनी ही बात नहीं की बल्कि अपने जैसे अन्य लोगों की भावनाओं से भी परिचित कराया—'हम कहते हैं कि यह इस्लाम वह वास्तविक इस्लाम नहीं है जो होना चाहिए।'

मुझे उनकी बातों में डॉ. अली शरायती के विचारों की अनुगूँज सुनाई दी। डॉ. अली शरायती एक ईरानी बुद्धिजीवी थे जिन्होंने मुस्लिम समाज की समस्याओं को इस्लाम और मार्क्सवाद के मिश्रित सिद्धान्तों के आधार पर समझा था। मशहद विश्वविद्यालय में ही नहीं जहाँ वे समाजशास्त्र के प्रोफेसर थे, बल्कि पूरे ईरान में उनके विचारों को सराहा गया था और उनके माननेवालों का एक बड़ा ग्रुप बन गया था। उनकी लोकप्रियता और विचारों से डरकर शाह की सरकार ने उन पर लेक्चर न देने की पाबन्दी लगा दी थी। उनको मशहद विश्वविद्यालय से तेहरान के 'हुसैन इरशाद धार्मिक शोध संस्थान' में भेज दिया गया। उनकी लोकप्रियता इतनी थी कि उनके कोर्स में एडमीशन के लिए छह-छह हज़ार आवेदन आते थे। अपने विचारों के कारण वे गिरफ्तार कर लिए गए थे। 18 महीने जेल में यातनाएँ सहने के बाद 1975 में रिहा होने पर डॉ. अली शरायती लंदन चले गए थे जहाँ दो सप्ताह बाद ही रहस्यमय परिस्थितियों में उनकी हत्या हो गई थी। कहा जाता है यह काम ईरान के शाह की सीक्रेट सर्विस 'सवाक' ने किया था।

डॉ. शरायती अन्धविश्वासी धार्मिक व्यक्ति नहीं थे। न तो वे धर्म के विरोधी थे और न पाश्चात्य जीवन को पूरी तरह स्वीकार करने के पक्ष में थे। वे मानवतावाद के कट्टर समर्थक थे। उन्होंने कुरान और इस्लाम की नई व्याख्या कर वर्तमान चुनौतियों को स्वीकार करने की बात जोर देकर कही है। डॉ. शरायती को न तो कट्टर धार्मिक मौलवी स्वीकार करते थे और न पश्चिम का अन्धानुकरण करनेवाले।

इस्लाम के इतिहास में वे सम्भवतः पहले विद्वान थे जिन्होंने धर्म के संस्थागत स्वरूप पर प्रश्नचिह्न लगाया था। उन्होंने धर्म को आडम्बर और यथास्थितिवाद से निकालकर मानवीय और सहज स्वरूप देने का

प्रयास किया था जो सरलता से समझ में आता था। उन्होंने कुरान के आधार पर उन सवालों का जवाब देने का प्रयास किया था जिनसे मानव समाज, विशेष रूप से तीसरी दुनिया का समाज जूझ रहा है। उदाहरण के लिए मानवीयता, शोषण, साम्राज्यवाद, गरीबी इत्यादि को केन्द्र में रखकर उन्होंने क़ुरान और इस्लाम धर्म की अध्यात्मिकता को उस ऊँचाई तक ले जाने की बात कही जहाँ विश्व में न्याय, शान्ति और बराबरी जैसे मूल्य स्थापित हो सकें। डॉ. शरायती का अंदाजेबयान ताजा, रोचक, जमीन से जुड़ा हुआ और हास्य तथा व्यंग्य का पुट लिए हुए है। उनकी किताबें आज भी ईरान में बहुत पढ़ी जाती हैं। छोटे-छोटे कस्बों तक में मैंने डॉ. अली शरायती के पोस्टर दुकानों में बिकते देखे हैं।

मूनिस मुझे अपने घर लिए जा रहे हैं। आज उनके घर में मेरा खाना है। हम सिटी सेंटर से 'सवारी' (शेयरड टैक्सी) लेकर कहीं उतरते हैं। वहाँ से दूसरी 'सवारी' लेते हैं। फिर तीसरी सवारी लेते हैं। जैसा कि मूनिस ने बताया है उससे मैंने अन्दाज़ा लगाया था कि मूनिस संघर्षशील चित्रकार हैं। पत्नी भी कहीं जमकर काम नहीं करतीं।

तीसरी सवारी से उतरकर हम ऊँची-ऊँची अपार्टमेंट इमारतों के पास आए। यहाँ एक बहुत प्रभावशाली लगभग पच्चीस मंजिला इमारत में दाखिल हुए। हमारे यहाँ ऐसी इमारतों में धन कुबेर रहते हैं। बहरहाल बारहवीं मंजिल पर मूनिस के फ्लैट में दाखिल हुए। मीना ने दरवाजा खोला था। अन्दर आकर देखा तो फ्लैट बहुत भव्य बिल्कुल अमेरिकी तर्ज का लगा। लिविंग रूम इतना बड़ा लगा जितने बड़े हमारे यहाँ के तीन बेडरूम के फ्लैट होते हैं। फ्लैट के दरवाजे के सामने ही ईजल पर किसी मास्टर पेंटर की 'न्यूड' का बड़ा सा प्रिन्ट लगा था। उस पर रोशनी सीधे पड़े इसलिए छत पर विशेष लैम्प लगा था। विविंग रूम से मिला हुआ किचन था जो बिल्कुल अन्तर्राष्ट्रीय स्तर का लगा।

फ्लैट की मैंने तारीफ की तो मूनिस ने बताया कि यह उसके ससुर ने मीना को दहेज में दिया है। मैंने पूछा तुम्हारे ससुर क्या करते हैं तो उसने बताया स्कूल में अध्यापक थे, अब रिटायर हो गए हैं। मेरे ऊपर एक बिजली गिरी। स्कूल के अध्यापक की इतनी अच्छी माली हालत कि उसने अपनी लड़की को दहेज में यह फ्लैट दे दिया।

मीना ने चाय सामने रख दी। चाय के साथ एक तश्तरी में नींबू का मुरब्बा था। उसने कहा कि अगर मैं चाहूँ तो मुरब्बे को चाय में डाल सकता हूँ या चाय का एक घूँट लेने के बाद मुरब्बे का टुकड़ा खाऊँ। उसने बताया कि ईरान में दोनों तरीके रायज हैं। मैंने मुरब्बे का एक टुकड़ा चाय में डाल लिया। मीना खाना पकाने लगी। मैं और मूनिस लिविंग रूम और किचन को बाँटनेवाली मेज़नुमा दीवार पर चाय के गिलास लेकर बैठ गए।

लम्बे-चौड़े लिविंग रूम में कुछ कम रौशनी थी। किचन में ज्यादा लाइट थी जहाँ मीना खाना पका रही थी। उन्होंने जीन्स और टॉप पहन रखा था। उनके बाल कटे हुए थे। मूनिस ने बताया कि वे और मीना क्लासफेलो थे। कॉलेज में ही उन्हें प्रेम हो गया था और वे एक-दूसरे से मिलते थे। दोनों चाहते थे कि प्रेम चलता रहे, जल्दी शादी न करें। कुछ साल तो निभ गया। पर आखिरकार इस प्रेम का पता मूनिस के माता-पिता को चला और मूनिस पर शादी का दबाव डालने लगे। परिवार के इस दबाव के आगे मूनिस और मीना की एक न चली। दोनों को शादी करनी पड़ी। उन्हें शादी किए कई साल हो चुके हैं लेकिन अभी तक उन्होंने बच्चा नहीं पैदा किया है। धर्मानुसार उन्होंने शादी कर ली है पर बच्चे? सवाल है और जवाब नरादरद है।

हमारी बातचीत में मीना भी हिस्सा ले रही थी। उन्होंने भारतीय साहित्य (प्राचीन ग्रंथ) फारसी में देखे हैं। पूछने लगी कि क्या भारत में अब तक लोग उसी तरह लिखते हैं जैसे पंचतंत्र की कहानियाँ लिखी गई हैं? चित्रकार होने के नाते उन्हें भारतीय आधुनिक चित्रकला में रुचि है और वह बहुत कुछ जानना चाहती हैं।

खाना तैयार हो गया। मेज़ पर लगाया गया। लिविंग रूम की बत्तियाँ किसी सूरजमुखी के फूल की तरह खिल गईं। सलाद, पनीर, रोटी, चिकन पुलाव, चिकन कोरमा और कई तरह के मुरब्बे। चिकन बिरयानी के ऊपर खुरचन देखकर मुझे कुछ हैरत हुई। वजह यह कि लखनऊ में जब बिरयानी पकाई जाती है तो खुरचन बन जाए इसका खास ख्याल रखा जाता है। मुझे लगा यह परम्परा भी ईरान की है। खुरचन से मतलब पतीली में बिरयानी की वह अंतिम तह है जिसे खुरचकर निकाला जाता है। चावल गलने के साथ तल भी जाते हैं और

वे आपस में मिलकर एक मोटी परत जैसी बना लेते हैं। खुरचन को श्रेष्ठ माना जाता है इसलिए उसे पुलाव या बिरयानी की प्लेट में चावलों के ऊपर सबसे ऊपर रखा जाता है और मेहमानों को खुरचन विशेष आग्रह के साथ दी जाती है। यहाँ खुरचन थी पर मेहमान के लिए विशेष आग्रह नहीं था इसलिए मैं स्वयं ही खाने के साथ न्याय करने लगा।

इस बातचीत में एक रोचक बात यह पता चली कि ईरान की युवा पीढ़ी दूसरे धर्मों और विश्वासों ही नहीं, 'भगवानों' के प्रति काफी आकर्षित हैं। ईरान का युवा वर्ग अपनी मुक्ति या सन्तोष के लिए दूसरे धर्मों और विश्वासों की ओर जा रहे हैं। यहाँ यह कहने की आवश्यकता नहीं है कि इस्लामी देशों के कानून में किसी व्यक्ति को इस्लाम धर्म छोड़कर किसी और धर्म को स्वीकार करने की सज़ा मौत है। ऐसी स्थिति में किसी इस्लामी देश के मुसलमान का अपना धर्म छोड़कर किसी और विश्वास या मत में जाना कितना खतरनाक हो सकता है, इसकी कल्पना की जा सकती है।

बताया गया कि अन्य धर्मों या विश्वासों को स्वीकार करनेवाले औपचारिक रूप से इस्लाम नहीं छोड़ते। इस कारण किसी को पता नहीं चल पाता कि वे किसी और धर्म के अनुयायी बन गए हैं।

मीना को यह जानने में रुचि थी कि भारत में समाज कैसा है? लोग कैसे हैं? कौन-सी समस्याएँ हैं जिन पर लोग सोचते हैं? वे भारतीय शिआ मुसलमानों के बारे में जानना चाहती थीं। उसने बताया कि उसके बूढ़े माता-पिता इंडिया जाना चाहते हैं।

बुद्धिजीवियों की सड़क

तेहरान का इतिहास ईरान के पतनशील दौर की दस्तावेज़ है। यह शहर प्रतिक्रांतियों के लिए भी जाना जाता है। ईरान के सम्राट नादिरशाह की मृत्यु के बाद ईरान में सत्ता करीम खाँ जंद के पास आ गई थी जो एक अच्छा शासक था और नादिरशाह की तरह युद्ध-प्रिय नहीं था। करीम खाँ के बाद 1779 में सत्ता का खेल कुछ ऐसा रंग लाया कि शाही दरबार के एक हीजड़े आगा मुहम्मद खाँ के हाथ देश की बागडोर आ गई। 1795 में आगा मुहम्मद खाँ ने सुरक्षा की दृष्टि से तेहरान को बेहतर समझा और इसे राजधानी बना डाला। आगा मुहम्मद खाँ की हत्या उसी के नौकरों ने कर दी थी। यहाँ से तेहरान में साम्राज्यवादी घुसपैठ, अन्तर्कलह, दुर्बल शासकों की विवशता और ईरान के तेल पर अधिकार जमाने की जो दौड़ शुरू होती है उसका गवाह तेहरान है। इस तरह तेहरान ईरान के गौरवशाली इतिहास का हिस्सा नहीं कहा जा सकता। फिर भी पिछले सौ साल में तेहरान के चेहरे कई बार बदले हैं। आज तेहरान राजनीतिक और बौद्धिक दृष्टि से देश का केन्द्र है। राजधानियों की तरह तेहरान पर बेहिसाब धन व्यय किया गया है और किया जा रहा है जो साफ दिखाई पड़ता है। तेहरान जनसंख्या की दृष्टि से मुम्बई से बड़ा शहर है। सड़कों और यातायात की व्यवस्था हमारे यहाँ के मुकाबले कहीं अच्छी है। शहर तीन तरफ पहाड़ों से घिरा अनगिनत बहुमंजिला इमारतों का विशाल क्षेत्र है।

तेहरान समाचार-पत्रों के दफ्तरों, संग्रहालयों, प्रकाशनों, सिनेमा हॉलों, थियेटरों, कॉन्फेरेंस स्थलों, विश्वविद्यालयों, शोध संस्थानों के कारण देश का सबसे बड़ा बौद्धिक केन्द्र बन गया है। तेहरान में एक

ग्रुप 'तेहरान एवेन्यू' के नाम से सक्रिय है। इसमें लेखक, कवि, चित्रकार, मूर्तिकार, वास्तुकार सभी शामिल हैं। मुझे इनकी एक बैठक में जाने का मौक़ा मिला। चूँकि पूरी कार्यवाही फारसी में हो रही थी इसलिए पूरा तो नहीं समझ सका लेकिन बताया गया कि कई लोगों ने अपनी रचनाएँ पढ़ी हैं और उस पर चर्चाएँ हुई हैं। 'तेहरान ऐवेन्यू' के ऑफिस में ही मैं कई लोगों से मिला था जिन्होंने मेरी बड़ी मदद की थी।

'तेहरान ऐवेन्यू' की एक वेबसाइट भी है जिस पर देश और विशेष रूप से तेहरान की साहित्यिक, सांस्कृतिक गतिविधियों की सूचना दी जाती है। यह एक लोकप्रिय और उपयोगी वेबसाइट है।

अजनबी शहरों में टैक्सी पर बैठकर रास्तों, सड़कों और जगहों की तलाश में अक्सर लाचारगी महसूस होती है लेकिन ईरान में कुछ फर्क है क्योंकि यहाँ फारसी लिपि में लिखे नाम पढ़े जा सकते हैं। सड़कों, गलियों और मोहल्लों के नामपट लगाने में ईरानियों का जवाब नहीं है। बड़े-बड़े शहरों की बात तो छोड़ दें छोटे-मोटे ग्रामीण इलाक़ों तक में हर गली और सड़क का नामपट लगा हुआ मिल जाएगा। यही नहीं, ईरानी गलियों के नाम बड़े कलात्मक रखते हैं जैसे कूच-ए-सबा, कूच-ए-गुल, कूच-ए-ग़ज़ल, कूच-ए-सुम्बुल वग़ैरा।

कई बड़ी सड़कों, गलियों से होता हुआ आखिरकार मैं 'कारनामे' के दफ्तर के सामने पहुँच गया। 'कारनामे' एक सांस्कृतिक संस्था है। सम्भवतः स्वयंसेवी संस्था है। मुझे यहाँ कुछ ईरानी अभिनेताओं ने बुलाया था। बताया गया था कि किसी नाटक की रीडिंग होगी। मैं नाटक तो न समझ पाऊँगा लेकिन पूरे माहौल और 'कारनामे' की गतिविधियों से परिचय हो जाएगा।

ईरान में पुरानी इमारतों और घरों में आँगन का रिवाज है। 'कारनामे' की इमारत के छोटे से आँगन में तीन अभिनेता बैठे थे। उनसे मेरा परिचय हुआ। उनमें शायद कोई भी अंग्रेजी में बातचीत नहीं कर सकता था इसलिए बात आगे न बढ़ सकी। मैंने कहा कि वे अपना काम जारी रखें। उन्होंने बातचीत शुरू कर दी। मैं दीवारों पर लगे पोस्टर देखने लगा। एक नाटक का पोस्टर लगा था। नाटक का नाम

'चादर' था। पोस्टर बहुत कलात्मक लगा और मैंने सोचा क्यों न यहाँ लगे नाटक के पोस्टरों के चित्र उतार लूँ। जैसा कि मैं कह चुका हूँ ईरान के ग्राफिक कलाकारों से मैं बहुत प्रभावित हूँ। सीधे, सरल, कलात्मक और लिपि के रचनात्मक प्रयोग से वे पोस्टरों, पुस्तकों के मुख्य पृष्ठों, अख़बारों के ले-आउट और डिजाइन में जान डाल देते हैं। रंगों और रूप की गहरी समझ उनमें है। पोस्टरों के चित्र खींचने के बाद कहा गया था कि अब नाटक की रीडिंग शुरू होनेवाली है। हम एक हॉलनुमा कमरे में आ गए। यहाँ कई अभिनेता बैठे थे। एक से मेरा परिचय निर्देशक के रूप में कराया गया। अभिनेताओं में लड़कियाँ भी थीं। पाठ चालू हो गया। मैं चेहरे के हाव-भाव देखता रहा। यह समझने में बहुत समय नहीं लगा कि अभिनेता मंझे हुए और समर्पित किस्म के हैं।

नाटक के पाठ के बाद 'कारनामे' की निदेशक निगार इस्कैनदैरफैर से मुलाकात हुई। इन्होंने बताया कि 1998 में स्थापित यह संस्था प्रकाशन, नाटकों के मंचन के अतिरिक्त कार्यशालाएँ और समारोह भी आयोजित करती है। नए फिल्मकारों को प्रोत्साहित करती है और अनुवाद के कई कार्यक्रम चलाती है। बातचीत भारत-ईरान सम्बन्धों पर होने लगी। मुझे जानकर बड़ा आश्चर्य हुआ कि निगार को यह पता नहीं है कि तेहरवीं से सोलहवीं शताब्दी के बीच भारत के प्रसिद्ध ग्रंथों का फारसी में अनुवाद हुआ था। उन्होंने बताया कि वे कुछ देशों के साथ मिलकर सांस्कृतिक आदान-प्रदान के कार्यक्रम चलाती हैं लेकिन भारत के दूतावास या अन्य किसी संस्था ने उनसे मिल-जुलकर कुछ करने का कभी कोई प्रस्ताव नहीं रखा।

ईरान की पूरी यात्रा के दौरान मैंने देखा कि भारत-ईरान सांस्कृतिक सम्बन्ध निष्क्रियता की स्थिति में हैं। भारतीय दूतावास इस सम्बन्ध में प्रायः कुछ नहीं करता और सैकड़ों साल पुराने सम्बन्ध बुरी तरह से टूट चुके हैं। आज आधुनिक भारतीय साहित्यिक और सांस्कृतिक परिदृश्य के बारे में ईरानी कुछ नहीं जानते और यही हाल भारत में भी है। पता नहीं, दोनों सरकारों की सूची में साहित्य और संस्कृति है भी या नहीं।

तेहरान के प्रमुख दैनिक समाचार-पत्र 'हमबस्तगी' की सम्पादिका

पूने निदाई और ईरानी लेखक महमूद फैसेअली बिरजानदी से जो बातचीत हुई उसमें भी यह बात उभरकर सामने आई कि आज ईरान और भारत के साहित्यिक, सांस्कृतिक और सामाजिक सम्बन्ध शून्य हैं। राजनीति के स्तर पर अवश्य अच्छे सम्बन्ध हैं पर उन्हें दृढ़ता प्राप्त करनेवाली कड़ियाँ गायब है। पूने निदाई ने कहा कि वे यह अवश्य जानना चाहेंगी कि कौन-कौन से भारतीय ग्रंथ फारसी में अनूदित हुए हैं। यह भी बात हुई कि उन ग्रंथों को किसी संग्रहालय में रखा जा सकता है। निश्चित रूप से इतने बड़े काम सरकारी या संस्था के स्तर पर किए जा सकते हैं। महमूद ने यह भी कहा कि आधुनिक भारतीय साहित्य के बारे में ईरानी लेखक प्रायः कुछ नहीं जानते। क्या ऐसा नहीं हो सकता कि श्रेष्ठ आधुनिक भारतीय साहित्य का फारसी में अनुवाद और प्रकाशन हो? मैंने इन दोनों से कहा कि आज हमारे पास ईरान के बारे में जो भी खबरें पहुँचती हैं वे पश्चिमी न्यूज एजेन्सियों के माध्यम से आती हैं। निश्चय ही पश्चिम की न्यूज एजेन्सियाँ ईरान को अपने विशेष चश्मे से देखती हैं। क्या ऐसा नहीं हो सकता कि एक सीधा रिश्ता बने ताकि ईरान के बारे में सही जानकारियाँ भारतीय मीडिया को प्राप्त हो सकें?

'ईरान न्यूज' के बुजुर्ग सम्पादक इरफान परवेज तीस-पैंतीस साल पहले भोपाल से तेहरान चले गए थे। मैं उनसे ऑफिस में मिलने गया तो बहुत खुश हुए और बातचीत में बार-बार भोपाल में बिताए दिनों को याद करते रहे। अफसोस कि वे जिन लोगों के नाम ले रहे थे उन्हें मैं नहीं जानता और मैं भोपाल के जिन हिन्दी-उर्दू लेखकों का नाम बता रहा था वे उनके लिए अपरिचित थे। इरफान साहब से लम्बी बातचीत हुई। उन्होंने बताया कि नवनिर्वाचित राष्ट्रपति अहमदी निजाद बहुत गम्भीरऔर प्रतिबद्ध व्यक्ति हैं। तेहरान के मेयर के रूप में उन्होंने अपनी दक्षता और ईमानदारी का परिचय दिया है। निश्चित रूप से वे ईरान में कुछ नए आर्थिक कार्यक्रम लागू करेंगे जिससे बेरोजगारी पर लगाम लगेगी। इरफान साहब भी भारत-ईरान साहित्यिक-सांस्कृतिक शिथिलता को लेकर चिंतित लगे। उन्होंने कहा कि भारतीय जितना यूरोप और अमेरिका के बारे में जानते हैं उसका दस प्रतिशत भी ईरान के बारे में नहीं जानते जबकि दोनों देशों के बीच सांस्कृतिक और

राजनीतिक सम्बन्धों का लम्बा इतिहास है।

इरफान साहब ने ईरानी खाना खिलाया और फिर पूछने लगे कि जाने के लिए टैक्सी बुलवाऊँ? मैंने कहा नहीं; मैं टैक्सी से नहीं जाऊँगा बस ले लूँगा। इरफान साहब कुछ क्षण मेरी तरफ देखते रहे फिर काफी प्यार और बिरादराना अंदाज में बोले—"अगर पैसे कम हों तो मैं कुछ दूँ आपको?" मुझे उनका यह सवाल बड़ा आत्मीय लगा। दूर तक इसकी खुशबू फैली।

मैंने कहा—"जी नहीं, ये बात नहीं है। मुझे तो तेहरान की सड़कें देखनी हैं।" वे मुस्कुराने लगे।

सीमा की सीमाएँ

तेहरान में बारह दिन रहने के बाद कमर कसी और तय किया कि 'आज़रबाईजान' की तरफ कूच किया जाए। रास्ता खुश्की का ही बेहतर है क्योंकि बस का किराया कम है और सात-आठ घंटे के सफर में इधर-उधर का नज़ारा होगा, लोगों से बातचीत हो सकती है—घूमने का यही मज़ा है। इसलिए तेहरान से आस्त्रा के लिए बस पकड़ी जो ईरान और आज़रबाईजान की सीमा पर एक छोटा-सा कस्बा है। इसका एक हिस्सा इधर ईरान में है और दूसरा एक छोटी-सी नदी के पार आज़रबाईजान में है।

मुझे बताया गया कि 'वोल्वो' बस मिलेगी और यात्रा बड़ी सुखद होगी। पर ऐसा नहीं था। बस घटिया थी और यात्रा सुखद नहीं थी। रास्ते में बस खराब भी हुई और रफ्तार भी कम रही।

रूस, जार्जिया, अरमीनिया, तुर्की, ईरान और कैस्पियन समुद्र से घिरे आज़रबाईजान का इतिहास पुराना है। आज जो आज़रबाईजान है वह इस्लाम आने से पहले काकेशिया अल्बानिया कहलाता था। फारसी और उर्दू में काकेशिया को कोहे क़ाफ़ कहते हैं। कोहे क़ाफ़ केन्द्रीय ईरान से दूरदराज़, काकेशियन समुद्र के किनारे पहाड़ों की एक बड़ी शृंखला है जो किस्से-कहानियों और दास्तानों में बहुत रोचक, रहस्यमयी, आकर्षक और विचित्र प्रकार की चित्रित होती रही है। मध्य एशिया की पुरानी कहानियों में जो हमारे देश तक भी पहुँची हैं, कोहे क़ाफ़ में बसनेवाली स्त्रियों को परियाँ कहा जाता है। यह विश्वास आज भी बना हुआ है कि 'कोहे क़ाफ़' में रहनेवाली स्त्रियाँ संसार की सुन्दरतम स्त्रियाँ हैं। यही वजह है कि कहानियों और दास्तानों के

शहजादे इन परियों पर आशिक हो जाते हैं और कोहे-क़ाफ़ की खाक छानते हैं। लेव टालस्टाय के उपन्यास 'कज्जाक' का नायक भी 'कोहे क़ाफ़' में रहनेवाली एक अद्वितीय सुन्दर लड़की से प्रेम करने लगता है। कहने का मतलब सिर्फ यही कि 'कोहे क़ाफ़' की परियों की दंतकथाएँ किसी को भी इस बात पर मजबूर कर सकती हैं कि रहस्य से पर्दा उठाया जाए।

जहाँ तक इतिहास का सवाल आज़रबाईजान ईरानी साम्राज्य का हिस्सा रहा है और इस क्षेत्र का इतिहास ईरान का इतिहास ही रहा है। माना जाता है कि आज़रबाईजान फारसी शब्द 'आजर' यानी आग से बना है। कारण यह है कि प्राचीन अग्निपूजकों के मन्दिर इस क्षेत्र में थे। आज़रबाईजान का अपना अलग चरित्र ईरान पर इस्लामी सेनाओं की विजय के बाद बनता दिखाई देता है। मुस्लिम साम्राज्य के अन्तर्गत यह एक प्रांत था और ग्यारहवीं शताब्दी में तुर्की जातियों ने भी यहाँ आकर बसना शुरू कर दिया था। इस तरह तुर्की और फारसी से आजरी भाषा का जन्म हुआ जो आज यहाँ की राष्ट्रभाषा है। हलाकू की विजय के बाद आज़रबाईजान उसके साम्राज्य का हिस्सा बन गया था। पन्द्रहवीं शताब्दी में आज़रबाईजान सफ़वी राजशाही का केन्द्र बन गया था। सफ़वी सम्राटों ने ईरान में अपनी सत्ता स्थापित कर तबरेज़ को राजधानी बनाया था। शाह इस्माइल सफ़वी ने शिया मत को 'राज्य का मत' घोषित कर दिया था जिसके कारण आज़रबाई जान सुन्नी तुर्की प्रभाव से अलग हो गया था। सफ़वी सम्राटों और तुर्की खलीफ़ा के बीच लगातार चलनेवाले युद्धों के कारण राजधानी तबरेज़ शहर (जो तुर्की की सीमा पर है) से हटाकर इस्फ़हान में स्थापित की गई थी।

1947 में नादिरशाह की हत्या के बाद ईरान बिखर गया था। क्षेत्र के विभिन्न सरदारों, जिन्हें खान कहा जाता था, ने अपने-अपने छोटे राज्य बना लिए थे। इन्हें खानदेश या 'खनात' कहा जाता था। इसी समय रूसी साम्राज्य पूर्व में आगे बढ़ने लगा। नतीजे में ईरान और रूस के बीच लम्बे युद्ध चले और 1828 में आज़रबाईजान का बड़ा भाग रूस के हत्थे चढ़ गया। एक पतली नदी जिसे अरक कहा जाता है, सीमा निर्धारित हुई। रूस में क्रांति आने के बाद आज़रबाईजान सोवियत यूनियन का एक रिपब्लिक बन गया और यह स्थिति सोवियत

यूनियन के विघटन तक जारी रही।

तेहरान से बस चली तो दोनों तरफ सूखी निर्जीव पहाड़ियों का न खत्म होनेवाला सिलसिला शुरू हो गया। दोपहर होते-होते बस कैस्पियन सागर के तट पर आ गई और छोटे कस्बों और गाँवों के बीच से गुज़रती रही। एक बात खासतौर पर नोट की कि कुछ कस्बे बड़े साफ-सुथरे, बहुत सजे-सज़ाए और सम्पन्न नज़र आ रहे थे लेकिन जैसे-जैसे बस आगे बढ़ती रही मकानों का ढंग कुछ बदला हुआ और चमक-दमक कम होती चली गई। बताया गया कि आज़रबाईजान का अज़री क्षेत्र शुरू हो गया है। आमतौर पर ईरान के चौराहों पर धार्मिक प्रतीक ही विदाई देते हैं लेकिन इस क्षेत्र के कुछ चौराहों पर बड़ी सी उमरेख्य्याम स्टाइल सुराही को कलात्मक ढंग से लगाया गया था। बाद में पता चला कि यह सुराही तुर्की या अजरी संस्कृति में बड़ा महत्त्व रखती है। मतलब यह कि यहाँ ईरानी संस्कृति और अज़री संस्कृतियों का अलग-अलग स्वरूप देखा जा सकता था। जैसे-जैसे सीमा पास आती जा रही थी सड़क की हालत भी खराब नज़र आती थी। कुछ घंटे बाद पहाड़ों का सिलसिला शुरू हो गया। सड़क की दाहिनी तरफ नदी बह रही थी। बाईं तरफ पहाड़ थे और सामने हरे-भरे पेड़ों से सज्जित पहाड़ खड़े थे। ये पहाड़ हिमालय जैसे नहीं हैं लेकिन निश्चित रूप से सुन्दर हैं। यहाँ कहीं-कहीं लोग एक खास किस्म की तुर्की टोपी लगाए दिखाई दिए जो ईरान के अन्य इलाक़ों में नहीं देखी जाती। शाम को करीब पाँच-साढ़े पाँच बजे आस्त्रा कस्बा शुरू हुआ और एक जगह बस रोक दी गई। दो ही सवारियाँ बची थीं। एक लड़की थी जो शायद यहीं की रही होगी जो बस रुकते ही किसी दिशा में चली गई। मैं बाहर निकला। ड्राइवर ने सामान दिया। पूछने पर पता चला कि आस्त्रा कस्बे तक जाने के लिए टैक्सी लेनी पड़ेगी।

मुझे बताया गया था कि मुसाफिरख़ाने सस्ते होते हैं और करीब डेढ़ दो सौ रुपए में कमरा मिल जाता है। टैक्सी ने एक मुसाफिरख़ाने 'मेहमानसराई आस्त्रां' के सामने उतार दिया। फारसी के कुछ शब्दों के माध्यम से बातचीत शुरू हुई। मैंने अपना परिचय देने के लिए अपनी कहानियों की फारसी में छपी पुस्तिका भी मुसाफिरख़ाने के मैनेजर को भेंट कर दी। मुझे पचास हज़ार रियाल यानी ढाई सौ रुपए में कमरा

मिला जो निहायत गंदा, पुराना था। सामने लॉबी ऐसी थी जिसमें दूसरे कमरों के दरवाजे भी खुलते थे। एक तरफ बाथरूम वगैरा बने थे और जिनकी दुर्गंध भी कभी-कभी कमरे के अन्दर तक आ जाती थी। लेकिन पैसे दे चुका था।

सामान कमरे में रखकर बाहर आया। ध्यान आया कि बाकू में मुझे ललित कुमार जी के यहाँ ठहरना है, पर उनके घर का पता मेरे पास नहीं है। सिर्फ ऑफिस का पता और फोन है। सोचा कि अभी उन्हें ई-मेल कर देता हूँ और कल सुबह तक जवाब आ जाएगा। होटल में पूछा कि ई-मेल कहाँ से हो सकता तो बताया गया-'मुसद्दिक की दुकान'।

आस्त्रा पुराना कस्बा लगा। शायद इसका असली नाम आस्त्राबाद था पर अब आस्त्रा रह गया है। एक मंजिला दुकानें, बीच में अच्छी खासी चौड़ी साफ सड़क और चौराहों पर मस्जिदें। लोग भी ठीक-ठाक नज़र आ रहे थे। मतलब गरीब, फकीर या निरीह प्राणी जैसे अपने यहाँ नज़र आते हैं, नहीं थे। बाजार में चहल-पहल थी। कबाबियों की दुकानों पर कबाब सिंक रहे थे। एक चायखाने के सामने से गुज़रा तो मेज़ पर हुक्का पीते लोग दिखाई दिए। चायखाने का नाम 'दिलपसन्द' था। मैं मुसद्दिक की दुकान पूछता आगे बढ़ता रहा। बेकरी की बहुत-सी दुकानें थीं। ईरान में रोटियाँ और बेकरी लाजवाब हैं। बहरहाल मुसद्दिक की दुकान मिली। यह कस्बे के हिसाब से बहुत आधुनिक कम्प्यूटर और इलैक्ट्रॉनिक चीज़ों की दुकान थी। मुसद्दिक से परिचय हुआ तो मालूम पड़ा कि अंग्रेजी भी जानते हैं। फिर क्या था—अँधे को आँखें मिल गईं।

मुसद्दिक से बातें होने लगीं। उनकी मैनेजर एक युवा लड़की थी जो मेज़ पर बैठी कारोबार देख रही थी। मुसद्दिक को भी मैंने अपनी किताब दी। उन्होंने इंटरनेट पर बिठा दिया और मैंने ललित जी को मैसेज किया कि मैं कल शाम बाकू पहुँच रहा हूँ। ललित कुमार से मेरा सीधा परिचय नहीं है। दिल्ली में किसी मित्र ने बताया था कि बाकू में व्यापार करते हैं और बड़े मस्तमौला आदमी हैं। दिल्ली से ही उन्हें ई-मेल दिया था और उन्होंने बड़े प्यार से अपने यहाँ ठहरने की दावत दे दी थी। ई-मेल देने के बाद पैसे दिए तो मुसद्दिक ने चाय पिलाई।

इधर-उधर की बातें होती रहीं। निगाह बचाकर मैं मुसद्दिक की मैनेजर को देख लेता था जो ज़रूरत से ज़्यादा सुन्दर थी।

बाहर निकला तो खाना खाने का मसला पैदा हुआ। सोचा चलो कबाब खाए जाएँ। मुख्य सड़क से हटकर कस्बे के अन्दरवाली बाजारों में आ गया और यहाँ एक कबाब की दुकान में जा पहुँचा। सींखें रखी थीं। मैंने इशारे से दो तरह के कबाबों की दो-दो सींखें सेंकने के लिए कहा। कुछ ही देर में एक बड़ी-सी प्लेट में बड़ी-सी रोटी के ऊपर चार सींखें और चार भुने हुए टमाटर, एक कोकाकोला की बोतल सामने आ गई। ईरानी कबाब के साथ टमाटर को भी सींखों में लगाकर भूनते हैं और उन्हें कबाब के साथ खाते हैं। एक किस्म के कबाब जो सिर्फ बोटियों के थे, दाँतों से चब नहीं पाए। हालाँकि मेरे दाँत गंदे जरूर हैं पर कमजोर नहीं हैं। लेकिन काफी कोशिश करने के बाद भी कबाब खा नहीं सका। कबाब की दो सींखें जो पिसे हुए गोश्त की थीं, खाईं। मजा बिल्कुल अलग लगा और बहुत अच्छा यह लगा कि मिर्च नाम को भी नहीं थी। मसाला बहुत हल्का और कम था।

रात देर तक कस्बे की बाजारों में घूमता रहा। बड़ी रौनक थी। चहल-पहल, अच्छे खाते-पीते लोग, बड़ी-बड़ी गाड़ियाँ और सामान से भरी दुकानें। कमरे पर लौट आया। सोचा था कि रात काटने के लिए कमरा ठीक है पर लगा कि शायद नहीं। क्योंकि लॉबी से एक तरह की दुर्गंध आ रही थी। पंखा ठीक से चल नहीं रहा था। मच्छर काट रहे थे। पलंग पर जो बिस्तर था वह पुराने कपड़ों के संग्रहालय से चुराया हुआ लग रहा था।

हवा के शहर में

सुबह जल्दी उठ गया। होटल से बाहर आया तो पास की चायवाली दुकान में चहल-पहल थी। सोचा चाय पी लूँ। चायवाले बूढ़े काला सूट पहने थे और फ्लैट हैट लगा रखी थी। इस हुलिये में उनका चाय बनाना और लोगों को चाय देना मुझे कुछ अजीब लगा। चाय के साथ लोग रोटी, वही गज भर लम्बी, रोटी के टुकड़े और सूखा पनीर खा रहे थे। चाय बगैर दूध की और अलग से शक्कर के टुकड़े जिन्हें मुँह में डालकर ईरानी चाय पी जाती है। मैं भी एक चाय लेकर बैठ गया। एक-दो लोग बात करने की कोशिश करने लगे। कुछ बात हुई भी लेकिन कुछ निकला नहीं। यह देखकर कुछ अजीब सा लगा कि चायवाले सज्जन ग्राहकों के खाने से बची रोटी और पनीर सहेजते जा रहे हैं। निश्चय ही यह वह दूसरों को देते होंगे। शायद इनके समाज में 'झूठा' आदि की परिकल्पना नहीं है।

चाय पीकर मुसद्दिक की दुकान गया तो वह बन्द थी। सोचा घूम लूँ। घूमते हुए ख्याल आया कि नाई की दुकान में जाकर दाढ़ी कतरवा ली जाए। नाई की दुकान बहुत साफ-सुथरी और आधुनिक थी। दस हज़ार रियाल यानी पचास रुपए में दाढ़ी बाल तरशवा कर बाहर आया। मुसद्दिक की दुकान अब भी बन्द थी और मैं बिना ई-मेल चेक किए बाकू जाना नहीं चाहता था क्योंकि पता नहीं ललित जी वहाँ हैं या नहीं हैं। कस्बे की सड़कों पर इधर-उधर घूमता रहा। ताजा फलों और सूखे फलों की दुकानें, रोटी की दुकानें, बेकरी की दुकानें, दीगर सामान और अच्छा महँगा सामान भरा पड़ा था। तीस-पैंतीस हज़ार आबादीवाले इस कस्बे से मैं काफी प्रभावित हुआ। साफ-सुथरी सड़कें,

चौराहों पर ट्रैफिक लाइटें, ज़ेबरा लाइनें, नो पार्किंग के बोर्ड, टेलीफोन बूथ, किताबों की कई दुकानें, इंटरनेट की सुविधा, टैक्सी स्टैंड, घंटाघर और सबसे बड़ी बात यह कि स्वस्थ, तन्दुरुस्त और खुशहाल लगने वाले लोग।

ललित जी के दो ई-मेल आए थे। मैंने पहला खोला और पढ़ा। उन्होंने लिखा था कि वे बाकू में ही हैं, मैं आ जाऊँ। दूसरा ई-मेल खोलकर पढ़ने की तकलीफ मैंने नहीं उठाई जबकि महत्त्वपूर्ण जानकारियाँ दूसरे ई-मेल में थी जिनके न होने के कारण बाकू में मुझे खासा झेलना पड़ा।

होटल से सामान लेकर बॉर्डर चेक पोस्ट पर आए। यहाँ ईरानी कस्टम और एमीग्रेशन के कार्यालय थे। अधिकतर काम औरतें कर रही थीं। करीब तीन घंटे बाद यहाँ से छुट्टी मिली। आगे बढ़े इमारत के बाद एक छोटी सी नदी के इस तरफ ईरानी पुलिस की चौकी थी और उस तरफ आज़रबाईजान की पुलिस पोस्ट थी। आज़रबाईजान कस्टम एमीग्रेशन में गया। अधिकारियों ने देखा, पीठ पर बड़ा-सा बैक पैक उठाए, कंधे पर कैमरा टाँगे एक अधेड़ उम्र अजनबी देश का आदमी खड़ा है—मुझसे प्रतीक्षा करने को कहा गया। सब लोग निकल गए। मेरी बारी आई। मैं केबिन में गया। सामने जो आजरी अधिकारी बैठा था उसके चेहरे पर लिखा था 'मैं घूसखोर हूँ।' उसने मुझे दिखाकर अँगूठा बड़ी उँगली पर मसला और कहा—'टेन डॉलर।'

मैं सब कुछ समझ गया। मैं घूस देने पर तैयार नहीं था। वह तथा उसके अन्य साथी बिना घूस के मुझे आज़रबाईजान में दाखिल करने पर तैयार नहीं थे। कुछ देर तक कहा-सुनी होती रही। उसके बाद मैंने ट्रम्प कार्ड यानी बाकू स्थित भारतीय दूतावास की चिट्ठी उन्हें दिखाई, कहा कि मैं औपचारिक, सरकारी तौर पर जा रहा हूँ। तब वे पसीजे। मेरे पासपोर्ट पर ठप्पे वगैरा लगाए गए और मैं बाहर निकला।

आज़रबाईजान में कदम रखते ही होश उड़ गए। दरवाजे से निकलकर देखा एक पतला-सा रास्ता, दोनों तरफ टीन के शेड में बन्द दुकानें, एक-आध खाने का सस्ता-सा होटल, अजीब उजाड़ और डरावना माहौल। मैं यह सब देख ही रहा था कि अचानक आठ-दस लोगों ने मुझे घेर लिया। इनमें से तीन-चार टैक्सी ड्राइवर थे, दो-तीन

'मनी-चेंज' वाले थे, दो-एक होटल के एजेंटनुमा लोग थे। इनमें से हर एक मुझे सामान समेत अपने साथ ले जाना चाहता था। दूर एक पुलिस का सिपाही खड़ा ये सब देख रहा था। मैंने उसकी तरफ मदद करने के भाव से देखा, उसने उपेक्षा से मुँह फेर लिया। अब स्थिति यह थी कि मैं न आगे जा सकता था, न पीछे लौट सकता था। सबसे जरूरी यह था कि मैं डॉलर देकर लोकल करेंसी यानी मनात ले लूँ। दस हज़ार मनात को शीखान कहते हैं जो करीब सत्तर रुपए के बराबर होता है। मैंने चालीस डॉलर की करेंसी ली और एक बूढ़े टैक्सी ड्राइवर के साथ यह सोचकर आगे बढ़ा कि अब जो कुछ होना है हो जाए, मैं क्या कर सकता हूँ। इन ड्राइवर साहब से मैंने कहा कि मुझे बाकू की बस पकड़नी है, बस अड्डे ले चलो।

बुजुर्ग टैक्सी ड्राइवर बड़े घाघ निकले। कस्बे में एक जगह आकर उन्होंने टैक्सी रोकी ओर बोले—'नो बस, नो बस।' फिर दूसरी जगह टैक्सी रोकी और बोले—'नो बस, नो बस।' तीसरी जगह भी यही किया तो मैं समझ गया कि बुज़ुर्गवार 'खेल' रहे हैं। सोचा देखो कहाँ तक खेलते हैं। फिर उन्होंने एक सुनसान रास्ते पर टैक्सी रोकी। अपनी जेब से पचास हज़ार मानत का नोट निकाला और इशारा और टूटी-फूटी अंग्रेजी में समझाया कि मैं उन्हें ऐसे दो नोट दूँ तो वे मुझे बाकू की बस तक छोड़ सकते हैं, जो दूर मिलेगी। चूँकि उन्होंने सुनसान जगह टैक्सी रोककर यह बात कही थी इसलिए मैं टैक्सी से उतर जाता तो जाता कहाँ? मैं तैयार हो गया। उन्होंने कहा कि पैसे मैं उन्हें अभी दे दूँ यानी बस अड्डा पहुँचने से पहले। इस पर मुझे गुस्सा आ गया और मैंने 'पुलिस...पुलिस...' कहा। तब ड्राइवर साहब आगे बढ़े।

कस्बे से गुज़रने लगे। जितना प्रभावित मैं ईरान के आस्त्रा से हुआ था उतना ही निराश मैं आज़रबाईजान के आस्त्रा से हुआ। अजीब उजड़ा-उजड़ा, गरीब, निरीह और रंगविहीन कस्बा लगा। सोवियत ज़माने के बने घर और इमारतें दूर से पहचानी जाती हैं। वे भी बुरी हालत में थीं और लोग भी काफी गरीब दिखाई दे रहे थे। टैक्सी कस्बों से गुज़रती रही। अचानक एक जगह सामने से बनी-सजी एक औरत आती दिखाई दी। बुजुर्ग टैक्सी ड्राइवर ने उसकी तरफ इशारा करके संकेतों द्वारा समझाया कि वह वेश्या है और अगर मैं चाहूँ तो वे उसे

बुला सकते हैं। मुझे यह देखकर आश्चर्य हुआ कि बूढ़े टैक्सी ड्राइवर के दिमाग़ में यह ख़याल इस वक़्त कैसे आया? क्या मैं ऐसा लगता हूँ कि इन हालात में भी मैं किसी वेश्या के पास जाना चाहूँगा? अपनी शकल फिर से देखने की बात सोचने लगा। मैंने उन्हें मना किया।

करीब आधे घंटे बाद टैक्सी एक मुख्य चौराहे पर पहुँची जो टैक्सियों और बसों का अड्डा था। यहाँ दुकानें भी थीं। मैं सुबह का भूखा था और दिन के दो बज रहे थे। दुकानें देखकर खुश हो गया। टैक्सीवाले को पचास-पचास हज़ार के दो नोट देकर मैं उतर आया। बाकू जानेवाली एक मैटाडोर खड़ी थी जिसमें मुझे भर दिया गया। टैक्सीवाले को एक लाख मनात देकर मेरे पास कम ही पैसा बचा था। अब टेन्शन यह हुई कि यहाँ से बाकू तक का किराया कितना होगा? अगर बस वाले ने भी एक लाख माँग लिए तो मुसीबत हो जाएगी। बहरहाल ऐसा नहीं हुआ। सिर्फ बीस हज़ार में टिकट दे दिया।

तेल के खेत मैंने पहले कहीं नहीं देखे थे। यहाँ तेल के खेत देखे। फल और सब्जी की तरह तेल और मोबिल ऑयल बिकते पाया। उसी तरह के पहाड़ जो तेहरान से निकलते हुए थे, दूर तक फैले थे। यहाँ साथ बैठे लोगों से एक-दो बातें करके मैं अच्छी तरह समझ गया कि अज़री में कुछ समझ लेना या फारसी के शब्दों से कुछ काम चला लेना असम्भव है। दूसरी तरफ सड़क के किनारे लगे बोर्ड भी अपरिचित लिपि में थे। पता नहीं रूसी लिपि थी या तुर्की लिपि थी। मैटाडोर में बैठा एक लड़का मुझसे बात करने की कोशिश कर रहा था। मैं भी कोशिश में था लेकिन ज्यादा नतीजा नहीं निकल रहा था।

शाम होते-होते बाकू पहुँचे। शहर में सबसे खास बात पूर्व और पश्चिम का मिलन है। मैटाडोर ने उतार दिया। साथ यात्रा करनेवाले लड़के को मैंने ललित जी के ऑफिस का पता दिखाया। उसने कहा कि वह मैट्रो में मुझे ऑफिस के निकट तक पहुँचा देगा। वहाँ से टैक्सी ले सकता हूँ। ललित जी के ऑफिस पहुँचा तो ऑफिस बन्द था। चौकीदार अजरी के अलावा कोई भाषा नहीं जानता था। हाँ ललित कुमार नाम से यह जरूर समझता था कि यह उसकी कम्पनी के मालिक का नाम है। बड़ी समस्या पैदा हो गई। रात घिर आई थी। ऑफिस भी कुछ सुनसान से इलाके में था। टैक्सियों का भी कोई अता-पता

नहीं था। चौकीदार के पास ललित जी के घर का फोन नंबर भी नहीं था। ऐसे कठिन हालात में चौकीदार पड़ोसी को बुला लाया जो थोड़ी अंग्रेजी जानता था। उसने ललित जी के ऑफिस में काम करनेवाली एक लड़की को फोन किया। लड़की ने ललित जी को बताया कि आपके अतिथि ऑफिस के बाहर खड़े हैं। थोड़ी ही देर में ललित जी अपनी शानदार बी.एम.डब्ल्यू. में आ गए।

बाकू को हवाओं का शहर कहा जाता है। यहाँ हवा खूब तेज चलती है। जिस मौसम में गया वह तो अच्छा था, सर्दियों में यही हवाएँ जानलेवा हो जाती होंगी। लेकिन जान की परवाह कौन करता है? क्योंकि बाकू 'सिल्क रोड' पर बसा एक प्रमुख शहर है। कल्पना कीजिए हज़ारों साल पहले चीन से यूरोप का रास्ता कितना कठिन रहा होगा? पश्चिम एशिया अपनी भौगोलिक स्थिति के कारण संसार के बहुत अधिक कठिन और 'शत्रुतापूर्ण' स्थलों में माना जाता है। लेकिन रेशम के व्यापारी इन बाधाओं को पार करते हज़ारों मील की यात्रा किया करते थे। वे तकलीमकान रेगिस्तान पार करते थे जो संसार का सबसे खतरनाक रेगिस्तान माना जाता है। यहाँ का मौसम भयानक है। गर्मियों में 40 डिग्री तापमान बढ़कर 50 डिग्री सैल्सियस हो जाता है। रेत की आँधियाँ आमतौर पर चलती रहती हैं। पानी और बस्तियों का दूर-दूर नामोनिशान नहीं है। 'मौत के इस सहरा' को पार करनेवाले 'रेशम के व्यापारी' क्या कहे जाएँगे? साहसिक लोग? लालची लोग? कायर लोग? बहरहाल इन्हें चाहे जो कहिए बाकू इसका गवाह है कि इस तरह के लोग यहाँ आते थे। आसपास से ही नहीं बल्कि पंजाब और राजपूताना के व्यापारी भी बाकू की सराय में ठहरा करते थे। कभी-कभी मृदंग बजाते साधु, कभी हठ योगी हज़ारों मील की यात्रा करते बाकू पहुँच जाते थे। इस तरह भारतीय व्यापारियों और आध्यात्मिक पुरुषों की पहुँच से बाकू बाहर न था। मैं अपने को क्या मानूँ?

यह मानते हैं कि जहाँ पैसा पहुँचता है वहाँ धर्म भी पहुँच जाता है, कला भी पहुँचती है, साहित्य भी पहुँचता है और क्या है जो नहीं पहुँचता। बाकू में धन आया तो सब आ गया।

बाकू मध्यकाल में उस समय महत्त्वपूर्ण हो गया जब शिरवान में

भूचाल के कारण राजधानी बाकू आ गई और लगभग सौ साल तक शहर का विकास होता रहा।

व्यावसायिक नगर के रूप में बाकू की ख्याति बहुत प्राचीन है। 1572 में एक ब्रिटिश कम्पनी ने बाकू का दौरा किया और पाया कि यहाँ तेल का अथाह ख़ज़ाना है। इस तेल के खजाने की जानकारी स्थानीय या आसपास के लोगों को पहले से थी और मध्यकाल के विद्वान अब्दुर्रशीद-अल-बाकुवी ने लिखा था कि यहाँ तरह-तरह का तेल होता है। तेल के अलावा पीले रंग का एक पदार्थ भी मिलता है जो मोमबत्ती की तरह जलता है। अब्दुर्रशीद ने यहाँ की हवाओं का बड़ा भयावह चित्रण किया है। लिखा है कभी-कभी दुम्बे और घोड़े तक उड़कर समुद्र में पहुँच जाते हैं।

हमारे यहाँ एक कहावत है 'पढ़े फारसी बेचे तेल, ये देखो किस्मत का खेल।' लेकिन तेल बेचना मध्य एशिया या ईरान में अपमानजनक नहीं है। यूरोप के देश में आज़रबाईजान का तेल बेचने के लिए कड़ी प्रतिस्पर्धा थी। यही कारण है कि बाकू यूरोप के कई देशों और एशियाई स्थापत्य कला का एक अनोखा संगम है। ब्रिटिश, फ्रेंच, जर्मन, इतालवी कम्पनियों की उपस्थिति शहर को लगातार निखारती रही है।

तेहरान से बाकू आना अपने आपमें एक अजीब अनुभव है। लड़कियों को 'हिजाब' में देखने की आदी आँखें जब सुन्दर लड़कियों को मिनी स्कर्ट में देखती हैं तो आँखों की रौशनी बढ़ जाती है। बाकू एक मुक्त शहर लगता है। रहनेवाले सब मुसलमान हैं लेकिन इस्लाम या धर्म का कोई आतंक नहीं है। लगता है पूर्वी यूरोप का कोई देश है जिसे उठाकर मध्य एशिया में रख दिया गया है।

आज़रबाईजान जाने से पहले मैं यह मानता था कि मध्य एशिया के इन देशों पर सोवियत संघ ने जो अधिकार जमा लिया था वह बहत गलत था। लेकिन अब यह विश्वास के साथ कह सकता हूँ कि ऐसा नहीं है। आज आज़रबाईजान एक पढ़ा-लिखा देश है। अधिकतर आबादी मध्यम वर्ग है। शहरों-कस्बों में स्कूल, अस्पताल हैं, सड़कें हैं, बिजली है। लोगो के दिमाग़ खुले हुए हैं। सफाई-सुथराई है। पर्यावरण के प्रति लोग सचेत हैं। मानवीय सम्बन्ध और विशेष रूप से स्त्री-पुरुष सम्बन्ध सहज और सामान्य हैं। यह सब कैसे हुआ? इतना तय है कि

अगर सोवियत यूनियन के साथ ये देश न होते तो आज उनकी स्थिति लगभग अफगानिस्तान जैसी होती। हम यह तो नहीं कह सकते कि आजादी हर शर्त पर स्वागत करने योग्य है लेकिन यह कह सकते हैं कि मनुष्य और समाज का कल्याण ही आजादी की पहली शर्त है। 'आजादी' एक अमूर्त परिकल्पना हो सकती है जबकि खाना, पीना, मकान, कपड़ा, बीमारी, पढ़ाई, सड़कें, बिजली अमूर्त नहीं है।

ललित कुमार बाकू में व्यापार करते हैं। आपने देखा होगा कि कुछ लोग किसी विशेष क्षेत्र में बहुत सफल हो जाते हैं लेकिन उनका व्यक्तित्व उस क्षेत्र के अनुकूल नहीं होता। ललित भी ऐसे ही लोगों में हैं। व्यापार में और विशेष रूप से तेल के व्यापार में उन्हें अपार लाभ हुआ है। 'रियल स्टेट' बिजनेस में उन्होंने करोड़ों डॉलर कमाए हैं। मध्य एशिया में ही नहीं यूरोप में उनके रेस्त्राँ की 'चेन' है। लेकिन उन्हें देखकर लगता है कि यह आदमी इतना सफल व्यापारी कैसे हो सकता है क्योंकि वह तो हर समय शेरो-शायरी, संगीत, साहित्य और कलाओं में डूबा रहता है। वह उठते-बैठते गजलों के शेर पढ़ता है। कल्पना में मेहंदी हसन से बतियाता है। सफल व्यापारी के लिए जितना व्यावहारिक होना जरूरी है ललित कुमार उतने ही अव्यावहारिक हैं।

हवा का रुख़

पच्चीस साल पहले ललित कुमार लुधियाना से व्यापार करने तेहरान आए थे। यह शाह का ज़माना था और तेल की खरीद करनेवाली कम्पनियाँ टैंकरों में तेल लेकर बन्दरगाह तक ले जाती थीं। ललित कुमार ने तेल ले जाने का एक छोटा-सा ठेका लिया और कारोबार शुरू हो गया। लेकिन गजब यह हुआ कि ललित कुमार क्लासिकी फारसी शायरी की गिरफ्त में आ गए। फिरदौसी और हाफ़िज़ का कलाम उनका तकिया बन गया। व्यापार चलता रहा और ललित फारसी शायरी और संगीत में रमते चले गए।

उन्होंने बताया था—"दस साल पहले पहली बार जब बाकू आया था तो फ्लाइट रात में पहुँची थी। एयरपोर्ट पर अँधेरा था। सर्दियों के दिन थे। हीटिंग भी नहीं थी। रात के वक़्त टैक्सियाँ भी नहीं थीं। हालाँकि मेरी होटल में बुकिंग थी लेकिन वहाँ पहुँच ही नहीं पाया। रात ओवरकोट में एक ठंडी कुर्सी पर गुजारी।" दस साल बाद आज जिस विशाल इमारत के सबसे ऊपरी फ्लोर पर ललित का सुपर डीलक्स फ्लैट है, वह उन्हीं की है। फ्लैट में लिविंग रूम, टी.वी. लांज, बिल्यर्ड रूम, लाइब्रेरी और बेडरूमों के साथ जिम के अलावा स्वीमिंग पूल भी है। 'सोना' बाथ है, टेरिस गार्डेन है।

मुझे ललित जी ने जब वह कमरा दिखाया जहाँ मुझे रहना था तो लगा कि बस जिन्दगी में न कभी ऐसा हुआ था न आगे होगा। इस विशाल डीलक्स फ्लैट में ललित अकेले रहते हैं। नौकरों के इसी बिल्डिंग में क्वाटर्स हैं। ड्राइवर, गार्ड, सफाई वाले नौकर, खाना पकानेवाली लड़की और उनका सेक्रेटरी इसी इमारत में हैं। ललित जी

बाकू में भी तेल का कारोबार करते हैं। उनके टैंकर तेल लेकर टर्की के बन्दरगाहों तक जाते हैं। 'रियल स्टेट' का काम भी कर रहे हैं। रेस्तराँ भी और अब कई हज़ार एकड़ पर खेती भी करा रहे हैं।

सुबह आँख खुली तो कमरे में हल्के संगीत के साथ किसी के गाने की गम्भीर आवाज़ भी सुनाई दी। यह आवाज़ भीमसेन जोशी की आवाज़ की तरह बिल्कुल अन्तर की गहराइयों से निकलनेवाली आवाज़ थी। ध्यान से सुनने पर पता चला कि फारसी में कुछ गाया जा रहा है। आवाज़ कहाँ से आ रही है, यह अन्दाज़ा लगाना चाहता था पर लगा कि शायद कमरे में चारों तरफ से आ रही है। बाहर निकला तो लगा यह आवाज़ यहाँ भी है और लिविंग रूम में गया तो देखा ललित जी अख़बारों के गट्ठर में डूबे हैं। मुझे देखकर मुस्कुराए।

"नींद तो अच्छी आई होगी?" उन्होंने कहा। निश्चय ही पूरे दिन की शारीरिक और साथ-साथ मानसिक मेहनत ने नींद को गहराया था।

नाश्ते पर पता चला कि ललित जी पूरी तरह ईरानी-आजरी रंग में रच-बस चुके हैं। उन्होंने बताया कि उनके यहाँ खाना, नाश्ता, चाय सब कुछ ईरानी होता है या अजरी। जैसा देश वैसा भेस। हमें नाश्ता एक लड़की करा रही थी जिससे मेरा परिचय कराया गया। ललित जी ने उसका नाम ज़ाले बताया। दुबली-पतली तीखे नक्शोनिगारवाली यह लड़की बड़ी फुर्ती और सम्मान के साथ नाश्ता करा रही थी। लड़की अंग्रेजी बोल रही थी। नाश्ते पर ललित जी ने बताया कि आज़रबाईजान की पुरानी इमारतें और प्राचीन शहर भूकम्प में नष्ट हो चुके हैं। अब भी कुछ इमारतें बची हैं उन्हें देखा जा सकता है। उन्होंने यह भी बताया कि आज़रबाईजान देखना है तो मुझे छोटे कस्बों में जाना चाहिए जहाँ इस देश का इतिहास है।

नाश्ते के बाद मैंने उनसे पूछा कि ये तो बताइए ये संगीत और गायन कैसा था जो मैंने उठते ही सुना था।

ललित जी हँसने लगे। बोले—मैं हर रोज सुबह हाफ़िज़ की एक गजल सुनता हूँ। यहाँ पूरे फ्लैट में एक साउंड सिस्टम है जो हर कोने में आवाज़ को इस तरह पहुँचाता है कि लगता है कि आवाज़ वहीं से आ रही है। आज सुबह आप हाफ़िज़ शीराज़ी की गजल सुन रहे थे।"

नाश्ते के बाद ललित जी ऑफिस चले गए। वे मेरा आज का

प्रोग्राम बना गए थे। वह यह था कि ज़ाले, वही लड़की जो हमें नाश्ता करा रही थी, मुझे शहर घुमाने ले जाएगी।

अजनबी शहर घूमने का एक मजा है और अजनबी लड़की के साथ अजनबी शहर घूमने का अपना अलग मजा है। ज़ाले ने ललित जी का हुक्म सुनाते हुए कहा था—सर ने कहा है कि आपको पुराना शहर घुमाया जाए। मैंने टैक्सी बुला ली। हम पुराने शहर जाएँगे। उसके बाद आपको किसी चायखाने में मुरब्बे के साथ चाय पिलाऊँगी। फिर हम लंच तक घर आ जाएँगे। साहब लंच घर पर ही करते हैं। आपके लिए आज घर में आजरी मछली पकाई जाएगी और उसके साथ नूडल्स होंगे और..."

टैक्सी आ गई। टैक्सी ड्राइवर एक बहुत सजीला नौजवान था। मैंने सोचा ये कितना अच्छा मौक़ा है, मैं ज़ाले की मदद से टैक्सी ड्राइवर से बातचीत कर सकता हूँ। लेकिन पहले तो ज़ाले से ही परिचय प्राप्त किया जाए। ज़ाले ग्रैजुएट है। अंग्रेजी में बी.ए. किया है। उसके बाद किसी स्कूल में पढ़ाती थी। वहाँ काम बहुत था और नौकरी पक्की नहीं थी इसलिए अब ललित जी के यहाँ काम करती है। ललित जी उसे बेटी की तरह मानते हैं। उसके जन्मदिन पर उसके घर जाते हैं। वहीं खाना खाते हैं। उसे चमत्कृत कर देनेवाले उपहार देते हैं। ज़ाले की अभी शादी नहीं हुई है। एक लड़का है जिससे वह प्रेम करती है पर किसी को उस लड़के के बारे में कुछ मालूम नहीं है। कहती है जब तक विवाह नहीं हो जाता वह लड़के के बारे में किसी को नहीं बताएगी। ज़ाले धार्मिक है। वह शिआ मुसलमान है। मुहर्रम में सोग (शोक) मनाती और मातम करती है। उसके पिता कम्युनिस्ट पार्टी के एक प्रमुख नेता थे। उन्होंने उसकी माता से प्रेम-विवाह किया था। अब ज़ाले शादी करके घर बसाना चाहती है।

टैक्सी ड्राइवर का नाम तैयर है। जो मेरी समझ में नहीं आया। शायद यह तैयब होगा जो बिगड़ते-बिगड़ते तैयर हो गया है। तैयर काफी शर्मीले किस्म का नौजवान है। उसके पास भविष्य के लिए कोई योजना नहीं है। टैक्सी अपनी है। आमदनी ठीक-ठाक हो जाती है। शादी अभी नहीं की है न किसी से प्रेम करता है।

हमें शहर के केंद्र में पहुँचने में ज्यादा वक़्त नहीं लगा। एक चौराहे

पर किसी औरत की बड़ी कलात्मक और भव्य प्रतिमा खड़ी थी। जाले ने बताया कि यह औरत अपनी 'चादर' फेंक रही है। उसने यह भी बताया कि सोवियत यूनियन के समय यहाँ नारी सुधार के बड़े आन्दोलन चले थे। इसके परिणामस्वरूप पर्दा व्यवस्था खत्म हो गई थी। नारी शिक्षा पर जोर दिया गया था। यह प्रतिमा यहाँ नारी मुक्ति का प्रतीक मानी जाती है।

बाकू में एक 'ओपेन एयर म्यूजियम' है। प्राचीन नगरों की तरह यहाँ भी शहर के चारों तरफ एक दीवार हुआ करती थी। वैसी ही जैसी दिल्ली के चारों तरफ थी और अब उसके टुकड़े इधर-उधर बिखरे पड़े हैं। बाकू का पुराना शहर इस शहरपनाह के अन्दर है जो आज एक संग्रहालय जैसा महत्त्वपूर्ण है।

हमारी टैक्सी समन्दर के किनारे पुराने शहर के पास रुकी। सामने एक मीनार-सी दिखाई पड़ रही थी। यह मीनार निश्चय ही दूर से आने-जानेवालों को देखने और पहचानने के लिए होगी। इसे बारहवीं सदी में एक पुरानी मीनार के स्थान पर बनाया गया था। इसे 'गिज़ ग्लासी' कहते हैं। ज़ाले ने मुझसे पूछा कि क्या मैं इसके ऊपर चढ़ना चाहता हूँ? कुतुबमीनार के बिल्कुल ऊपर तक चढ़ चुके आदमी से यह सवाल काफी बचकाना था। मैंने मना कर दिया लेकिन कैमरा सीधा करके मीनार की कुछ तस्वीरें जरूर खींच लीं। शहर का यह हिस्सा दरअसल अपने अन्दर कई साम्राज्यों की यादें समेटे हुए है। यहाँ अग्निपूजक ईरान के पहले बड़े साम्राज्य हख़ामनश, दूसरे बड़े साम्राज्य सासानी, अरबी शासन, ईरान के परवर्ती शासकों, शीरवानी सम्राटों, तुर्की साम्राज्य और बाद में सोवियत यूनियन दौर की प्रतिछायाएँ दिखाई पड़ती हैं।

मीनार के पास एक सराय के खंडहर थे। इसके साथ पुरानी बाजार के दर भी थे जहाँ दुकानें लगती होंगी। पीछे तुर्की स्टाइल का एक हम्माम नज़र आया। मीनार के पास कुछ लोग पुराना सामान बेच रहे थे। मैंने प्राचीन बाजार की पृष्ठभूमि में तैयर का एक फोटो खींचा।

आगे शीख़ान शाह का किला था जिसके अन्दर अब व्यावसायिक दबाव के कारण रेस्तराँ चल रहे हैं। यह प्राचीन किला बिल्कुल एशियाई या कहना चाहिए कि अपने देश के किलों जैसा ही लगा पर इसके

अन्दर की इमारत सलामत नहीं है। किले के दूसरे दरवाजे से हम बाहर आए तो सामने पार्क में एक विशाल मूर्ति लगी थी। मैंने पूछा तो ज़ाले ने बताया यह आज़रबाईजान के राष्ट्रकवि निज़ामी की प्रतिमा है। कवियों का ऐसा सम्मान मैंने यूरोप में ही देखा था। एशिया में यह देखकर खुशी हुई और इसके बारे में मैंने ज़ाले से कहा तो उसने आज़रबाईजान करेंसी का एक पाँच सौ मानत का नोट निकालकर दिखाया जिस पर निज़ामी का चित्र बना था। उसने कहा कि हम तो कवियों को इतना सम्मान देते हैं कि उनका चित्र नोटों पर छापते हैं। मेरा सिर शर्म से झुक गया। कालिदास और ग़ालिब जैसे कवियों में से किसी का चित्र नोट पर छोड़िए, सड़क पर भी नहीं मिलता। मैंने सोचा हम अपने कवियों का सम्मान क्यों नहीं करते? मुझे याद आया कि हंगरी की राजधानी बुदापैश्त के प्रमुख चौराहों के नाम कवियों, लेखकों, चित्रकारों, संगीतकारों, विद्वानों के नाम पर हैं। कोई प्रसिद्ध कलाकार या वैज्ञानिक यदि किसी इमारत में रह चुका होता है तो इमारत के बाहर पत्थर पर यह लिखकर लगा दिया जाता है कि अमुक-अमुक वैज्ञानिक, लेखक, चित्रकार यहाँ इस समय से इस समय तक रहता था। क्या दरिद्र देश अपनी प्रतिभाओं का सम्मान नहीं करते? क्या इसी कारण वे दरिद्र होते हैं कि अपनी प्रतिभाओं का सम्मान नहीं करते?

"आप क्या सोचने लगे?" ज़ाले ने पूछा। वह मेरा पूरा ध्यान रख रही थी कि 'सर' के मेहमान को कुछ बुरा न लग जाए। ये बूढ़ा कहीं गिर न पड़े, इसलिए अक्सर मुझे जरूरत पड़ने पर सहारा भी देती थी।

"कुछ नहीं, कुछ नहीं।" मैंने कहा।

निज़ामी की तस्वीरें खींची और हम आगे बढ़े। अब शहर का यूरोपियन हिस्सा शुरू हुआ। लगा मध्य यूरोप में आ गए हों। पर्यटकों की भीड़-भाड़, चहल-पहल जो ईरान में मैं न देख सका था, यहाँ देखी।

जरूरत कुछ डॉलर चेंज कराने की थी क्योंकि आस्त्रा में बुजुर्गवार टैक्सी ड्राइवर एक लाख मनात झटक चुके थे। यहाँ बाजार में जगह-जगह 'चेंजमनी' की दुकानें थीं जो ईरान में नहीं दिखाई देतीं। चालीस डॉलर चेंज कराए। जाले ने कहा कि मैं पैसे सुरक्षित ढंग से रखूँ क्योंकि 'लोग' अच्छे नहीं हैं। मैं मुस्कुरा दिया।

शहर की कुछ यूरोपीय किस्म की इमारतें देखने के बाद हम लोग

लौट आए। दोपहरी को पक्का अजरी खाया। खाने की मेज़ पर ललित जी ने मेरा शाम का प्रोग्राम बना दिया। उन्होंने कहा कि आप शाम को 'कैम्पियन सी' के किनारे चाय पिएँगे। आपको ज़ाले और मेरी सेक्रेटरी वहाँ ले जाएँगे।

मुझे यह जानकर बड़ा आश्चर्य हुआ कि पहली ही मुलाकात में ललित जी मेरे बारे में यह कैसे समझ गए कि मुझे क्या पसन्द है क्या नहीं। उन्होंने यह भी कहा था कि वह शाम को किसी 'बिजनेस डिनर' में फँस गए हैं, नहीं तो वे भी साथ चलते।

बाकू में समुद्र के तट पर दूर-दूर तक पार्क और टहलने की जगहें बनाई गई हैं। इन्हीं पार्कों के अन्दर पेड़ों और लताओं के झुरमुटों के पास चाय के रेस्तराँ हैं। यहाँ जाने के रास्ते बहुत कलात्मक हैं यानी ऐसा लगता है कि आप नदी पर बने किसी पुल को पार करने के बाद रेस्तराँ में जा रहे हैं। मैं शाम के धुँधलके में ज़ाले, ललित जी की सेक्रेटरी गुल और टैक्सी ड्राइवर तैयर के साथ समुद्र के तट पर टहल रहा था। यहाँ भीड़ तो नहीं थी लोग थे। इन्हीं लोगों में कुछ महिला चेहरे देखकर मैं ठिठक गया। लगा यही हैं वे कोहे क़ाफ़ की परियाँ। लेकिन यह बात किसी से पूछी नहीं जा सकती थी। ये लड़कियाँ उन सब लड़कियों से बिल्कुल अलग थीं जिन्हें मैंने उस वक़्त तक जिन्दगी में देखा था। इनके बाल इतने काले थे कि काला रंग भी इनके सामने फीका पड़ रहा था। इनके कद लम्बे थे। शरीर का गठन बहुत सटीक और कलात्मक या नाजुक ही नहीं बल्कि गरिमामय था। इनका रंग न तो सफेद गोरा था और न साँवला था। एक अजीब रहस्यमयी रंग था उनके चेहरों का। इनके माथे चौड़े थे। नक्शों निगार लगता था कि चित्रकार ने बनाए थे। वे गरिमा, जीवन्तता और सुन्दरता का अद्‌भुत मिश्रण लगीं। लगा कि नारी का इससे श्रेष्ठ स्वरूप हो ही नहीं सकता। कहते हैं मुगल सम्राट अकबर की एक पत्नी कोहे क़ाफ़ की थी जिसका नाम मरियम था। बहरहाल उचटती सी नज़र डालता मैं इन तीन लोगों के साथ आगे बढ़ता चला गया।

हमारी बाईं तरफ समन्दर था, हम एक चौड़े रास्ते पर चल रहे थे, दाहिने तरफ पानी की एक कृत्रिम नहर थी उसके ऊपर छोटे-छोटे पुल से बने थे। नहर के दोनों तरफ पेड़ और लताएँ थीं। हम लोग सीढ़ियों

पर चढ़ने लगे और नहर के उस पार एक रेस्तराँ के अन्दर गए। रात के अँधेरे में पेड़ों के नीचे हल्की रोशनी में मेजें लगी थीं। हम एक जगह बैठ गए। कुछ ही देर में चाय और मुरब्बे हमारी मेज़ पर आ गए। मैं चाहता था कि इन लड़कियों से अधिक से अधिक जानकारी मिल सके। यहाँ के समाज के बारे में, लोगों और जीवन के बारे में। पर पता नहीं कैसे पूरी बातचीत धर्म पर केन्द्रित हो गई और पता चला कि वे तीनों ईश्वर पर पक्का विश्वास करते हैं। धार्मिक हैं पर अपने को आधुनिक मुसलमान कहते हैं। टैक्सी ड्राइवर तैयर के बारे में पता चला कि वे सब कुछ खा-पी लेते हैं पर अपने को मुसलमान मानते हैं।

परियों की तलाश में

मैं बाकू घूम कम रहा था आराम ज्यादा कर रहा था। सुबह-सुबह अलौकिक संगीत से उठता था। चाय पीता था। ललित जी से दुनिया जहान की बातें होती थीं। तैयार होकर आजरी नाश्ता करता था। ललित जी ऑफिस चले जाते थे। ज़ाले आ जाती थी। उसके साथ चाय का दौर चलता था। वह कभी अपने माता-पिता के प्रेम प्रसंगों की चर्चा करती थी, कभी बताती थी कि उसके पिता उसका कितना ध्यान रखते हैं। कभी यह किस्सा छेड़ बैठती थी कि सोवियत ज़माने में उसकी माता आज़री कढ़ाई किए कपड़े बेचने मास्को तक जाती थी। कभी अपने पिताजी की कम्युनिस्ट गतिविधियों की चर्चा करती थी। इस बीच वह लंच की तैयारी भी करती रहती थी। ललित जी का ड्राइवर भी आ जाता था। वह निहायत व्यावहारिक आदमी था। चाय पी। दो बिस्कुट खाए और चला गया। लगता था कि उसे दुनिया जहान से कोई मतलब नहीं है।

ग्यारह-बारह बजे मैं तैयार हो जाता था। दोपहर में ललित जी के साथ शानदार लंच होता था। वे घंटा भर आराम करते थे। मैं दो घंटे आराम करता था। शाम को वे चले जाते थे और मैं निकल पड़ता था अकेले शहर के भ्रमण पर। एक अकेला शहर में देखता फिरता था वह सब जिससे उसका कोई लेना-देना नहीं है। शराबखाने, चायखाने, समन्दर के किनारे बने रेस्तराँ, पश्चिमी ढंग की पुरानी इमारतें आदि-आदि। रात के खाने के बाद ललित जी की लाइब्रेरी में नियमित बैठक होती थी और कला, साहित्य, संस्कृति की चर्चाएँ हुआ करती थीं। लाइब्रेरी से निकलते समय कोई किताब उठा लेता था और रात

बारह एक बजे तक पढ़ता रहता था। इस बीच ललित जी ने मुझे बाकू में इतनी तरह के खाने खिलाए कि नाम भी याद नहीं :

"अरे यार, तुम घूमने आए हो, आराम करने नहीं आए।" एक दिन मैंने अपने आपको धिक्कारा।

रात के खाने के समय मैंने घोषणा कर दी कि मैं कल गूबा जा रहा हूँ। बताया गया था कि वह 'कोहे क़ाफ़' का एक अच्छा कस्बा है जहाँ बहुत सी रोचक चीज़ें हैं।

"जरूर जाइए...कोहे क़ाफ़ की परियाँ देखना चाहते हैं।" ललित जी ने छेड़ा।

"पर आप जाएँगे कैसे? आप भाषा तो जानते नहीं?" ज़ाले ने घबराकर कहा।

"अरे तो क्या हुआ? भटक जाऊँगा! खो जाऊँगा और क्या हो सकता है?"

"नहीं-नहीं...मेरी दोस्त का ब्वाय फ्रेंड गूबा में टैक्सी चलाता है। मैं उसको फोन करती हूँ।" ज़ाले ने कहा।

बहुत जल्दी सब कुछ तय हो गया। मैं आठ बजे की बस से गूबा जाऊँगा। ज़ाले की दोस्त का ब्वाय फ्रेंड करीम मुझे बस स्टैंड पर मिलेगा और कस्बा घुमाएगा। वह मुझे आसानी से पहचान लेगा क्योंकि उसने आज तक कोई इंडियन नहीं देखा है।

चल दिए जहाँ की साध लेकर आए थे। बाकू से बस चली गूबा के लिए और रास्ते में पहाड़ ऊँचे होते गए। पेड़ हरे होते गए। झरनों का पानी साफ होता गया। बादलों का रंग सुरमई होता गया। एक बजे के करीब बस गूबा बस अड्डे पर रुकी। मैं उतरने भी न पाया था कि नीचे खड़े किसी आदमी ने हाथ हिला-हिलाकर मेरा स्वागत करना शुरू कर दिया—करीम...नीचे करीम खड़े थे। मैं उनसे मिला। हम एक शब्द—'सलाम' के अलावा, एक-दूसरे से और कुछ नहीं बोल सके। आजरी में तुर्की का मिश्रण है और 'ज़बाने यार तुर्की है।'

आज़रबाईजान एक खानदेश था। गूबा भी एक खानदेश था। केन्द्रीय सत्ता के कमजोर पड़ते ही प्रभावशाली क्षेत्रीय नेताओं ने अपने छोटे-छोटे स्वतन्त्र राज्य स्थापित कर लिए थे जिन्हें अंग्रेजी में ख़ानेट कहा जाता है। गूबा खानदेश की स्थापना 18वीं शताब्दी के मध्य में

गूबा खान हुसैन अली ने की थी। उसने यहाँ अपना किला बनवाकर शहर के चारों तरफ दीवार भी खड़ी कराई थी। अन्य खानदेशों की तरह गूबा भी 1913 में रूस द्वारा जीत लिया गया था।

गूबा आने के दो आकर्षण थे। पहला 'कोहे क़ाफ़' की परियों को देखना और दूसरा गूबा के पास बनी मध्यकालीन यहूदी बस्ती का जायज़ा लेना। ज़ाहिर है कि 'कोहे क़ाफ़' की परियाँ किसी एक जगह नहीं मिलेंगीं या किसी इमारत की तरह कहीं जाकर उन्हें देखा नहीं जा सकेगा, यह मैं जानता था। इसलिए अपने अनुमान और दिए गए विवरण के अनुसार मैं स्थानीय महिलाओं में 'कोहे क़ाफ़' की परियों जैसी लड़कियों को देखने की कोशिश करने लगा।

गूबा के पास एक प्राचीन अग्नि मन्दिर भी है और उसे देखना भी जरूरी था। इसके अलावा शहर में तुर्की ढंग से पुरानी मस्जिद और हम्माम की इमारतें भी देखना चाहता था। मित्र टैक्सी चालक ने मुझे टैक्सी पर बिठाया और गुदियाल-चे नदी के उस पार पहाड़ों पर स्थित यहूदियों की बस्ती की तरफ रवाना हो गए। नदी बड़ी थी लेकिन पानी बहुत कम था। नदी का दूसरा किनारा काफी ऊँचाई पर था और टैक्सी कई चक्करदार सड़कों पर से गुज़रती उस बस्ती में पहुँच गई। सीधी और अच्छी खासी चौड़ी गलियों के इधर-उधर घर बने थे। लेकिन अजीब बात यह लगी कि बस्ती में लोग नज़र नहीं आ रहे थे।

यह भी लग रहा था कि घर खाली है। बिना लोगों की बस्ती से टैक्सी गुज़रती रही। कुछ घर तो अन्य पुराने अजरी घरों जैसे थे। लेकिन उनमें अहाता या कम्पाउंड नहीं था। कुछ दोमंजिले घरों में इतालवी ढंग की बाहर को निकली खिड़कियाँ बहुत रोचक लगीं। मुख्य प्रवेश द्वार के ऊपर भी इसी तरह की बाहर को निकली बालकनीनुमा खिड़कियाँ काफी घरों में देखी। दो-तीन गलियों में घूमने और इक्का-दुक्के लोग देखने के बाद पता चल गया कि यहाँ की यहूदी आबादी इजराइल बनने के बाद चली गई है क्योंकि बूढ़े लोगों के अलावा कोई और दिखाई नहीं पड़ रहा था। यहूदियों के धर्म स्थल 'सेनेगॉग' के सामने भी सन्नाटा ही था। हो सकता है कि शाम के वक़्त कुछ लोग रहते हों।

यहूदी बस्ती से निकलकर हम पुरानी अजरी बस्ती आ गए जहाँ

प्राचीन मस्जिद है। ये बिल्कुल तुर्की ढंग की मस्जिद लगी। एक ऊँचा सा मीनार और गोल नहीं बल्कि अंडाकार बड़ा सा गुम्बद मस्जिद के तुर्की स्टाइल को स्थापित करता था। आसपास की आबादी में कट्टर मुसलमान जैसे लगनेवाले लोग नहीं थे। मस्जिद के बाद हम लोग एक दरगाह देखने गए। जिसकी फोटो खींचने पर वहाँ मौजूद मौलवी किस्म के आदमियों ने टैक्सी ड्राइवर से कुछ नाराज़गी ज़ाहिर की। मैं भाषा न जानने के कारण साफ बच गया।

शहर के पुराने हिस्से में एक जगह टैक्सी से उतरकर हम लोग चाय पीने जा रहे थे। यहाँ लड़कियों का एक गिरोह देखा जो निश्चित रूप से 'कोहे क़ाफ़' की परियों के विवरण से मिल रही थीं।

नख शिख वर्णन करना कवियों का काम है। दुर्भाग्य से मेरे अन्दर न तो उतनी क्षमता है और न शक्ति है। लेकिन फिर भी चूँकि मैं 'काहे क़ाफ़' की परियों के बारे में इतना लिख चुका हूँ इसलिए बचा भी नहीं जा सकता। पहली बार इन लड़कियों के सम्बन्ध में बहुत स्पष्ट लगी और वह यह कि ये अन्य लड़कियों से भिन्न हैं और इनकी अपनी अलग ही पहचान है। पहचान भी साधारण नहीं है बहुत प्रमुख पहचान है। आमतौर पर इनका कद लम्बा है लेकिन लम्बाई इतनी नहीं जो बुरी लगे। कद और काठी का संयोजन सम्भवतः क्षेत्र की भौगोलिक स्थिति की वजह से बहुत सही और प्रभावशाली अनुपात में है। ऐसा नहीं है कि शरीर का एक हिस्सा अतिरिक्त रूप से दूसरे हिस्सों पर प्रतिकूल प्रभाव डालता हो। शरीर की विशेष बनावट की वजह से उनके चलने-फिरने, खड़े रहने में एक राजकीय ठसक भी आ गई है जो बहुत गरिमामय लगती है। पैर बिल्कुल सीधे हैं, म्यान की तरह तिरछे नहीं हैं। जहाँ तक चेहरे का सवाल है, मीरतकी 'मीर' के अनुसार–"जो शक्ल नज़र आई तस्वीर नज़र आई" वाला हाल है। लगता है इनका जन्म माँ के पेट से नहीं हुआ बल्कि किसी चित्रकार ने बड़े इत्मीनान, लगन, उत्साह और समर्पण के साथ इनके नक़्शो निगार बनाए हैं। चेहरे ही नहीं व्यक्तित्व का एक बड़ा हिस्सा। इनके बाल इतने काले लगे कि काला रंग भी शरमा जाए। पता नहीं इस काले रंग को क्या कहेंगे जिसमें चमक भी है और बेहिसाब काला रंग भी है। काले बाल पतले नहीं बल्कि खासे मोटे लगे। माथा चौड़ा होता है, किताबी, खुले

हुए चेहरे पर चौड़ा समतल और चारों तरफ से अनुपातिक माथा चेहरे को एक विस्तार देता-सा लगता है। माथे के नीचे भवें भी काली और घनी होती हैं लेकिन इनका रूप बहुत सधा हुआ लगता है। दोनों आँखों के ऊपर बीच से भवें 'अलिफ' के अंदाज में ऊपर होती हैं यानी एक काली मोटी लकीर जिसे शुरू करने से पहले कलम को थोड़ा दाब दिया गया हो और कलम ने अपनी चौड़ाई से कुछ ज्यादा चौड़ी शुरुआत की हो। भवें इस तरह शुरू होकर बिल्कुल सीधी आगे बढ़ती हैं और फिर आकर्षक ढंग से नीचे को झुक जाती हैं। इस क्रम में उनकी मोटाई लगातार कम होती चली जाती हैं जो अंतिम बिन्दु तक साफ नज़र आती है। पलकें इतनी घनी, काली और लम्बी होती हैं कि आँखों के चारों तरफ एक काला सा हाला दिखाई पड़ता है। इस काले, गतिमान हाला के बीच सफेद आँखों की चमक बढ़ जाती है। आँखें मध्यम आकार की ही होती हैं। पलकों की वजह से आँखों तक पहुँचना कुछ आसान नहीं होता।

चेहरे पर जो कुछ भी है, तीखा है। नाक है तो सितुवाँ हैं। कहीं किसी छोटे से छोटे बिन्दु पर उँगली रखकर यह नहीं कहा जा सकता कि प्रकृति यहाँ चूक गई है। इसी तरह तराशे हुए होंठ जिनका प्राकृतिक रंग ताजगी और खुशी दर्शाता है।

तेल के खेल

कुछ दिन के बाद ललित जी कुछ 'फ्री' हुए तो उन्होंने कार्यक्रम बनाने शुरू कर दिए। बाकू के बाहर तेल के खेत दिखाने ले गए। मशीनों से लगातार तेल निकलता था। एक पाइप जमीन के अन्दर से उसी तरह कच्चा तेल खींचता है जैसे हैण्ड पम्प से पानी बाहर निकलता है। यह तेल पाइप के माध्यम से एक जगह पहुँचता रहता है और वहाँ से तेल शोधक कारखानों में चला जाता है या निर्यात हो जाता है। रेगिस्तानी पहाड़ियों पर ले जाकर उन्होंने एक भुरभुरी किस्म की जमीन दिखाई और बताया कि इसके नीचे गैस है। तेल के कुएँ अनगिनत थे। इसके अलावा आज़रबाईजान कैस्पियन समुद्र से भी तेल और गैस निकाल रहा है। मैंने ललित जी से कहा कि तब तो यह देश बड़ा धनवान होगा। उन्होंने कहा—मुश्किल यह है कि तेल की सम्पन्नता आम आदमी तक बहुत कम पहुँचती है। ऊपर ही ऊपर बहुत से खेल हो जाते हैं जिनसे बड़ी कम्पनियों, बिचौलियों, राजनेताओं की जेबें भर जाती हैं।

सोवियत के टूटने के बाद से ही अमेरिका की नज़र मध्य एशिया के तेल पर है। मध्य एशिया के अन्य देशों की तुलना में आज़रबाईजान का तेल पश्चिमी देशों तक ले जाना भौगोलिक दृष्टि से ज्यादा सरल है। आज़रबाईजान के राजनीतिक हालात—विशेष रूप से स्वतन्त्रता हासिल करने के बाद अरमीनिया के साथ युद्ध और परिणामस्वरूप देश का बड़ा भू-भाग खो देने के कारण उपजी राजनीतिक अस्थिरता से पश्चिमी देशों को बहुत लाभ हुआ है। सोवियत संघ के विघटन के बाद रूस स्वयं अस्थिरता के दौर में था और आन्तरिक समस्याओं से जूझ रहा था। इस कारण वह मध्य एशिया में पश्चिमी देशों विशेष रूप से

अमेरिका के बढ़ते प्रभाव को रोक नहीं सका। आज़रबाईजान का तेल पहले सोवियत यूनियन मास्को के माध्यम से विश्व मंडी में पहुँचाता था लेकिन अब अमेरिका और अन्य पश्चिमी देश यह तेल सीधे लेते हैं। एक 'ईस्ट वेस्ट इनर्जी कॉरीडोर' बनाया जा रहा है। जिसके माध्यम से आज़रबाईजान का तेल पाइप लाइन के माध्यम से सीधा तुर्की की बन्दरगाहों पर पहुँचेगा और वहाँ से बहुराष्ट्रीय तेल कम्पनियाँ तेल ले जाएँगी।

लगभग तीन बिलियन डॉलर से तैयार होनेवाली यह पाइप लाइन बाकू, तिबलिसी और सिहान से गुज़रने के कारण टी.बी.सी. कहलाती है। यह प्रतिदिन एक मिलियन बैरल तेल भेजने की क्षमता रखेगी।

टी.बी.सी. आज़रबाईजान और मध्य एशिया में बननेवाले आर्थिक ही नहीं राजनीतिक समीकरणों पर भी प्रभाव डालेगी। क्षेत्र में पश्चिम का प्रभुत्व बढ़ेगा और ईरान पर सरलता से नज़र रखी जा सकेगी। दूसरे देश भी इसका लाभ उठाने का प्रयास कर सकते हैं और क्षेत्र में रूस तथा चीन का प्रभाव कम किया जा सकता है। निश्चय ही ये दोनों देश इन हालात से खुश नहीं हैं और मध्य एशिया में अमेरिकी प्रभुत्व को रोकने के लिए शंघाई कार्पोरेशन का गठन किया गया है। इस गठबंधन में किरगिस्तान, ताजिकिस्तान, चीन, रूस, उज्बेकिस्तान और काज़ाकिस्तान शामिल हैं।

तेल के खेल ने बाकू का चेहरा अच्छी तरह बदला है। लगता है आर्थिक गतिविधियों का बोलबाला है। पिछले दस साल में शहर के अन्दर सैकड़ों की तादाद में बड़ी-बड़ी विशाल इमारतें बन गई हैं। छोटे मकानों और रिहायशी इलाक़ों के बीच बनी ये इमारतें कहीं-कहीं बड़ी अटपटी लगती हैं। बाकू के बाजार विदेशी सामान और ग्राहकों से खलबलाते हैं। तरह-तरह के नए रेस्तराँ बन गए हैं। ललित जी बाकू में बने रेस्टोरेन्ट्स का पूरा हिसाब रखते हैं। एक दिन 'ताजमहल' में खाना खिलाने ले गए। किसी पाकिस्तानी ने यह रेस्तराँ बनाया है। बातचीत के दौरान ललित जी ने बताया कि हालात कुछ ऐसे हैं कि भारतीय खाने के रेस्तराँ का नाम चाहे वह संसार के किसी कोने में हो 'ताजमहल' या 'महाराजा' ही हुआ करता है। हद ये है कि पाकिस्तानी भी इस नियम का पालन करते हैं। भारतीय खाने के रेस्तराँ की तरह

पाकिस्तानी खाने के रेस्तराँ कहीं नहीं मिलेंगे। उप-महाद्वीप का खाना भारतीय खाने के नाम पर बेचा जाना विवशता है। ललित जी ने तुर्की खाने का मजा चखाया। फिर एक दिन ग्रीक खाना खाने गए। इतालवी और चीनी खाना तो ख़ैर, साधारण बात थी।

अग्नि मन्दिर

मनुष्य की कुछ बुनियादी उपलब्धियों में पहिए और आग के आविष्कार को विशेष महत्त्व दिया जाता है। आग उत्पन्न करना तथा उपयोग करना तो मानव ने बाद में सीखा होगा लेकिन इससे पहले यह ज्ञान हो गया होगा कि आग कितनी विनाशकारी हो सकती है और उसके सामने कुछ भी नहीं ठहरता। तेल और आग का पुराना रिश्ता है। आज़रबाईजान को आग का देश भी कहा जाता है। जमीन के अन्दर इतनी गैस है कि कहीं-कहीं पत्थर और मिट्टी की तहें फोड़कर बाहर निकल पड़ती है और वातावरण के तापमान के कारण जलने लगती है। गैस के अथाह भंडार के कारण यह गैस लगातार निकलती और जलती रहती है। आज़रबाईजान में यह दृश्य कई स्थानों पर देखा जा सकता है।

बाकू में एक अग्नि मन्दिर है जिसे 'आतिशगाह' कहा जाता है। ललित जी ने अपनी निजी जिज्ञासा के अन्तर्गत इस अग्नि मन्दिर के सम्बन्ध में काफी सामग्री जमा कर रखी है। मेरी इच्छा और उनके सहयोग से एक दिन मैं, ज़ाले और हमारा प्रिय टैक्सी ड्राइवर तैयर के साथ अग्नि मन्दिर यानी आतिशगाह की तरफ निकल पड़े जो बाकू से दस-बारह किलोमीटर दूर सुराख़ानी इलाके में है।

सुराख़ानी में टैक्सी दाखिल हुई तो लगा काफी पुरानी बस्ती है। कुछ नीचे और पुराने ढंग के मकान, गलियाँ, पतले रास्ते, छोटी-छोटी दुकानें दिखाई पड़ने लगीं। सुराख़ानी में तेल के अनगिनत कुएँ भी नज़र आए जो दूर-दूर तक फैले हुए थे। हमारी टैक्सी आबादी को पीछे छोड़कर एक मैदान में पहुँची जो शायद आतिशगाह के लिए कार

पार्किंग है। यहाँ दाहिनी तरफ को एक पुरानी हवेलियों या सरायों जैसा फाटक दिखाई पड़ा और ऊँची चहारदीवारी भी नज़र आई। दरवाजा और फाटक राजस्थानी या कहें उत्तर भारत की पुरानी शैली में बने हुए हैं। तैयर ने टैक्सी बिल्कुल फाटक के सामने रोकी तो मैंने उनसे कहा कि टैक्सी कुछ दूर खड़ी करो ताकि फाटक की तस्वीर में टैक्सी न आ जाए। फाटक की तस्वीरें खींचने के बाद हम आगे बढ़े। फाटक के दरवाजे के ऊपर काले रंग के पत्थर की एक तख्ती पर ॐ गणेशाय नमः लिखा था। स्वास्तिक का निशान भी बना हुआ था।

अन्दर बिल्कुल सन्नाटा था। सामने एक मन्दिर दिखाई पड़ा जिसकी छत बिल्कुल उसी तरह की है जैसी उत्तर भारतीय मन्दिरों की होती है। इस छत पर त्रिशूल भी लगा दिखाई पड़ा। मन्दिर के अन्दर पत्थर के एक चौकोर से कुंड के अन्दर से आग निकल रही थी। चारों तरफ कोठरियाँ बनी थीं जिनके ऊपर देवनागरी अन्य प्राचीन उत्तर भारतीय लिपियों में नाम पट्ट लगे हुए थे। इससे पहले हम मुख्य मन्दिर की तरफ आगे बढ़ते यह पता चला कि अन्दर जाने के लिए टिकट लेना पड़ेगा क्योंकि यह एक संग्रहालय है जो सरकार के संरक्षण में है। मुख्य द्वार के अन्दर इधर-उधर बने बरामदेनुमा कमरों में एक टिकट घर था। तीन टिकट खरीदने के बाद हम आगे बढ़े।

मुख्य मन्दिर के चारों गोल दर खुले हैं। मन्दिर की मुख्य इमारत लगभग पन्द्रह फुट लम्बी और पन्द्रह फुट चौड़ी है। ऊपर चढ़ने के लिए तीन सीढ़ियाँ हैं। हम मन्दिर के अन्दर आ गए। पत्थर के चौकोर हौज़ से, पत्थर के टुकड़ों के बीच से आग की ज्वाला निकल रही थी। इस आग का रंग सामान्य आग जैसा लाल नहीं था, न इसमें धुआँ था न ही इसकी लपटें रंग बदल रही थीं। यह लगातार निकल रही थी। हवा के झोंके से जरूर इसमें परिवर्तन आता था। कभी एक दिशा में कभी दूसरी दिशा में मुड़ जाती थी। यह आग जमीन से निकलनेवाली गैस के कारण जल रही थी। बताया गया कि पता नहीं कब से यह आग इसी तरह निकल रही है। मन्दिर की शिवाले जैसी छत के चार चिमनियों जैसे बुर्ज भी बने थे। रात में इसमें से निकलनेवाली गैस को भी जला दिया जाता है। तब मन्दिर के ऊपर चार दिशाओं से आग की लपटें निकलती हैं और नीचे मुख्य मन्दिर के अन्दर से भी ज्वाला

फूटती रहती है।

मुख्य मन्दिर में बाहर आकर देखा तो चारों तरफ पत्थर की कोठरियाँ बनी दिखाई पड़ीं। एक अहाता जैसा बन गया था जो चौकोर नहीं था। हम तीनों एक कोठरी के दरवाजे के दर पर पहुँचे। चौकोर दर के ऊपर देवनागरी में खुदा पत्थर लगा था। मैंने फोटो खींची। पढ़ने की कोशिश की तो कुछ नाम पढ़ सका। संवत पढ़ने में आया। अगली कोठरी में गए तो वहाँ गणेशजी की एक प्रतिमा रखी थी। बताया गया कि यह हाल ही में यहाँ रखी गई है, पहले नहीं थी। अगली कोठरियाँ खाली थीं। पत्थर की ठंडी दीवारें और नीची छतें किसी मध्यकालीन कैदखाने की याद ताजा करा रही थीं।

एक ओर कोठरियों में संग्रहालय बनाया गया है। यहाँ आतिशगाह के पुराने चित्र लगे हैं। जो विवरण लिखा है वह रूसी भाषा में है। चित्रों में कुछ चित्र पुराने भारतीय व्यापारियों और साधु-संन्यासियों के थे। अगली कोठरी में आतिशगाह के इतिहास को सजीव करने का प्रयास किया गया था। कुछ मॉडल बनाए गए थे। एक मॉडल में आदमी जंजीरों से जकड़ा दिखाया गया था। यह नमूना था उस सज़ा का जो यहाँ चोरों को दी जाती थी। एक मॉडल में सेठ अपने मुनीम के साथ हिसाब-किताब करता नज़र आया। एक अन्य प्रस्तुति में कुछ लोग मसाला या दवाएँ कूटते लोग दिखाए गए थे।

संग्रहालय से बाहर निकलकर हम फिर अहाते में आ गए। अचानक मुख्य द्वार से दो आजरी औरतें आती दिखाई पड़ीं। वे सीधे आतिशगाह में गईं और हाथ फैलाकर कुछ प्रार्थना जैसा करने लगीं। ज़ाले ने बताया कि शायद इनकी कोई मुराद पूरी हो गई है और वे आभार व्यक्त करने आई हैं या कोई मन्नत मानने आई होंगी। इसका मतलब है कि स्थानीय लोग इस मन्दिर को पवित्र मानते हैं। इस पर उनकी आस्था है।

आतिशगाह की मैं विभिन्न कोणों से फोटो लेने लगा। मुझे लगा कितने दुःख की बात है कि हम लोग इसके बारे में कुछ नहीं या बहुत कम जानते हैं। महापंडित राहुल सांकृत्यायन ने अपने मध्य एशिया के संस्मरणों में इस मन्दिर का उल्लेख किया है।

शाम को ललित जी दो दस्तावेज़ दिए जिन्हें पढ़कर 'आतिशगाह'

के बारे में बहुत सी बातें स्पष्ट हो गईं। पहली बात तो यह कि आज़रबाईजान की सरकार ने कुछ वर्ष पहले 'यूनेस्को' से आवेदन किया था कि 'आतिशगाह' को पारसी (ज़ोराशट्रियन) मन्दिर के रूप में 'विश्व धरोहर स्मारक' की मान्यता दी जाए। इस आवेदन पर एक ज़ोराशट्रियन यानी पारसी शोध संस्थान ने खोजबीन करने के बाद यह निर्णय दिया कि आतिशगाह पारसी मन्दिर नहीं है। इसका उल्लेख पिछले दो सौ वर्ष के किसी वृत्तान्त में नहीं है। यह वास्तव में भारतीय व्यापारियों द्वारा स्थापित अग्नि मन्दिर है। यह पवित्र स्थान बहुत प्राचीन है। लेकिन सत्रहवीं-अट्ठारहवीं शताब्दी में 'सिल्क रोड' पर व्यापार करनेवाले भारतीय विशेष रूप से पंजाब और राजस्थान के व्यापारियों ने इसे बनाया था और इसकी देखरेख का कार्य भी वही करते थे।

यह मन्दिर ही नहीं था बल्कि सराय और व्यापार केन्द्र के रूप में भी जाना जाता था। इस मन्दिर में साधु-संन्यासी आते रहते थे जिनकी अक्सर स्थानीय लोगों से असहमति भी हो जाती थी। कुछ पर्यटकों द्वारा दिए गए विवरणों के आधार पर यहाँ एक हठयोगी भी आया था जो सात साल से अपना एक हाथ उठाए हुए था। अग्नि मन्दिर के पुजारियों की व्यवस्था भी भारतीय व्यापारी ही किया करते थे। कोठरियों पर लिखे विवरण इस बात का प्रमाण हैं कि समय-समय पर भिन्न-भिन्न भारतीय व्यापारियों ने इन्हें बनवाया था। 'सिल्क रोड' का महत्त्व समाप्त हो जाने तथा राजनीतिक परिवर्तनों के कारण इस मन्दिर से भारतवासियों का सम्पर्क टूट गया था। लेकिन यह सराहनीय है कि आज़रबाईजान की सरकार ने इसे संरक्षित स्मारक बना दिया है और यह मन्दिर इस्लाम धर्म के प्रभाव तथा कम्युनिस्ट शासन के बाद भी सुरक्षित है।

फिर वही रास्ता

देखे हुए रास्ते पर चलना कितना तकलीफदेह होता है इसका अन्दाज़ा नहीं लगाया जा सकता। लेकिन अफसोस यह कि लोग नए रास्ते नहीं बनाते। बने-बनाए रास्तों पर चलना ज्यादा पसन्द करते हैं। जहाँ तक ईरानियों का सवाल है उन्होंने तो आज़रबाईजान जाने के दसियों रास्ते बनाए थे लेकिन इतिहास उन रास्तों को बन्द करता चला गया और अब सिर्फ वही रास्ता बचा है जिससे मैं आया था। मतलब यह कि वापस ईरान जाने के लिए आस्त्रा जाना ही एकमात्र रास्ता था। मैंने दसियों लोगों से पूछा कि क्या कोई दूसरा रास्ता मतलब कोई और बॉर्डर भी है जहाँ से ईरान में दाखिल हो सकता हूँ? लेकिन बताया गया नहीं।

बाकू से आस्त्रा तक का सफर देखे हुए रास्ते और उस रास्ते को देखना था जिस पर कुछ नहीं है। निर्जीव पहाड़ियाँ हैं। तेल के खेत और दूर-दूर फैली इक्का-दुक्का बस्तियाँ, कुछ गाँव, कस्बे, चौराहे और खस्ता हाल सड़क। दोपहर होते-होते सीमा तक पहुँच गया। यह वही बॉर्डर है जहाँ आते समय 'कुछ' माँगा गया था और मैं बड़ी मुश्किल से जान बचा सका था।

बॉर्डर या कस्टम चौकी पर टैक्सी ने छोड़ा तो कुछ लोग पीछे लग गए। वे अजरी में जाने क्या-क्या कह रहे थे। शायद होटलवालों के एजेंट थे या टैक्सीवाले थे। मैं सबसे पीछा छुड़ाता आगे बढ़ता रहा लेकिन एक जवान लड़का बराबर साथ बना रहा। वह अंग्रेजी के कुछ शब्द और फारसी के कुछ शब्दों के माध्यमों से 'बातचीत' कर रहा था। अजनबी देश में, देर तक, बिना किसी कारण कोई आपके साथ चिपका

रहे तो डर पैदा हो जाता है कि क्या चक्कर है। इस लड़के ने बताया कि यह लंच टाइम है और दो बजे बॉर्डर खुलेगा। वह मुझे चाय पिलाने एक ढाबे किस्म के रेस्तराँ में ले गया। मैं अपना सामान, पर्स, पासपोर्ट वगैरा पर बार-बार निगाह डालता था और डर रहा था कि इस जगह से यह लड़का अगर कुछ भी लेकर चम्पत हो गया तो मेरे ऊपर कयामत टूट पड़ेगी। जहाँ हम बैठे थे वहाँ चाय नहीं मिली। एक दूसरे ढाबे में लड़के ने कुछ छाज जैसी चीज़ पिलाना चाही। छाज में कुछ मसाले डालकर उसे और स्वादिष्ट बनाया गया था। वहाँ मैंने कुछ खाया भी। लड़का मुझसे मेरा पासपोर्ट देखने की फरमाइश करने लगा। मैंने अपने हाथ में लेकर पासपोर्ट दिखा दिया। लड़का कहने लगा कि वह पासपोर्ट अपने हाथ में लेकर देखना चाहता है। मैं डर गया और जल्दी से पासपोर्ट जेब में रख लिया। बहरहाल उसने मेरा पता लिया और तरह-तरह के सवाल पूछे।

आजरी कस्टम पिछली बार की तरह सब यात्रियों से कुछ ले रहे थे और मुझे एक कोने में प्रतीक्षा करने के लिए खड़ा कर दिया था। मैंने पर्स खोलकर देखा तो अच्छी-खासी अजरी करेंसी थी। मैंने सोचा चलो यार मैं भी पैसा देकर इस अदृश्य कैद से निजात पाऊँ वरना ये लोग पता नहीं कितनी देर मुझे और खड़ा रखें।

घूस मिलते ही उनके चेहरे चमक गए और उन्होंने मेरी तरफ बड़े सम्मान से देखा। उन्हें याद था कि जाते समय मैंने पैसे नहीं दिए थे। उन्हें यह लगा होगा कि आज़रबाईजान में पन्द्रह-बीस दिन रहकर मुझे 'ज्ञान' प्राप्त हो गया है।

वहाँ से बाहर निकला। अब एक छोटी सी नदी को पार करना था और उस पार ईरान था। नदी के किनारे आज़रबाईजान की तरह पुलिस की एक चौकी बनी थी। वहाँ बैठे सिपाही ने भी मुझसे घूस माँगी। मेरे पास अजरी करेंसी खत्म हो चुकी थी। मैंने उसे पचास रुपए के बराबर वैल्यू का एक ईरानी नोट थमा दिया तो उसने काफी बुरा माना और फिर गिड़गिड़ानेवाले अंदाज में कहने लगा कि कुछ और भी दूँ। उसका रिश्वत माँगने का यह तरीक़ा मुझे अच्छा लगा और एक नोट और थमाकर मैं नदी पर बने पुल को पार कर गया। अब मैं ईरान में था। मेरी जानकारी के अनुसार यहाँ रिश्वत का बाजार गर्म नहीं है जो

आज़रबाईजान में लगातार बढ़ रहा है। आज़रबाईजान में ही ललित जी ने बताया था कि पुलिस में बड़ा भ्रष्टाचार है क्योंकि उनके वेतन नहीं बढ़े हैं। पुलिस के भ्रष्टाचार से सभी परिचित थे और यह माना जाता था कि पुलिसवाले यदि घूस न लें तो इस नए समाज में उनका काम कैसे चलेगा। इन्हीं बातों को ध्यान में रखकर सरकार ने पुलिस का वेतन कई गुना बढ़ा दिया था और यह घोषणा हुई थी कि अब कोई पुलिसवाला घूस लेता पकड़ा गया तो उसके साथ बड़ा बुरा व्यवहार किया जाएगा।

आज़रबाईजान जाते समय ईरानी आस्त्रा के जिस मुसाफिर खाने में रुका था वह काफी गंदा था इसलिए पीठ पर थैला लादकर किसी नए मुसाफिरख़ाने की तलाश में निकल पड़ा। कस्बा जाना-पहचाना ही नहीं मेरी पंसद का था। पिछली बार बनाए एक-दो दोस्त भी हैं। सोचा सामान रखकर दोस्तों की तलाश करूँगा।

मुसद्दिक अपनी कम्प्यूटर की दुकान पर मिल गए। वे मुझे देखकर खुश हुए। पिछली बार उन्होंने मुझसे कहा था कि उनका एक दोस्त मुस्तफा मेरी कहानियों का फारसी में अनुवाद करना चाहता है। मैंने उसे अपनी अंग्रेजी में छपी कहानियों की किताब दे दी थी। कुछ देर बाद मैं मुस्तफा की किताबों की दुकान पर पहुँच गया। दुकान उन्होंने हाल ही में खोली है और उसमें केवल साहित्यिक किताबें रखते हैं। लगा कि अभी दुकान चल नहीं पाई है। बहरहाल मुस्तफा अंग्रेजी कुछ ज्यादा जानते हैं इसलिए उनसे बातचीत होने लगी।

मुस्तफा ने बताया कि आस्त्रा गोकि छोटा-सा कस्बा है लेकिन वहाँ कई लेखक और कवि रहते हैं। उन्होंने आस्त्रा के कहानीकारों का एक संग्रह भी दिखाया। फारसी में छपी साहित्यिक पुस्तकों को देखकर अच्छा लगा। किताबों की सज्जा और डिजाइन इत्यादि बहुत अच्छी है। कुछ पढ़ने की भी कोशिश की और लगा कि ज्यादा नहीं अगर तीन-चार महीने यहाँ रहूँ तो फारसी सीख सकता हूँ।

बातचीत घूम-फिरकर ईरानी समाज पर आ गई। मुस्तफा ने बताया कि बहुत से लोग ईरान के इस्लामी गणराज्य को वास्तव में इस्लामी नहीं मानते। उनका कहना है कि इस इस्लामी गणराज्य के पीछे वह आधुनिक दृष्टि नहीं है जो आपके सवालों के जवाब खोजने

के लिए इस्लाम की पुनर्व्याख्या करने की माँग करती है। उन्होंने डॉ. अली शरायती के बारे में बताया। उनका एक बड़ा-सा पोस्टर दुकान में लटक रहा था जिसने अन्दाज़ा हुआ कि डॉ. अली शरायती के विचार आज भी ईरान की युवा बुद्धिजीवी पीढ़ी में लोकप्रिय है। तेहरान में भी डॉ. अली शरायती के बारे में लोगों से काफी बातचीत हुई थी। वे बहुत लोकप्रिय बुद्धिजीवी थे जिन्होंने इस्लाम और आधुनिक युग के सवालों को एक साथ समझने का प्रयास किया था।

मैं आस्त्रा से तबरेज़ जाना चाहता था क्योंकि आया तेहरान होकर था इसलिए फिर से तेहरान वापस चले जाने का कोई फायदा न था। दूसरा यह कि आज़रबाईजान (ईरान वाला हिस्सा) की राजधानी तबरेज़ है जो आज़री कल्चर का गढ़ माना जाता है। तीसरा यह कि बाइबल के कुछ संकेतों के आधार पर तबरेज़ वह नगर है जो स्वर्ग के द्वार पर बना हुआ है। इतना तो तय है कि स्वर्ग न देख पाऊँगा तो द्वार पर बना नगर देखने से क्यों चूक जाऊँ? इसलिए तय किया था कि ईरान ही नहीं मध्य एशिया के प्राचीनतम नगर तबरेज़ को देखना जरूरी है। अब सवाल यह था कि तबरेज़ में कहाँ ठहरेंगे? यहाँ इस मुकाम पर मदद करने के लिए मित्र मुस्तफा सामने आए। उन्होंने तबरेज़ के कई होटलों में फोन किए। फोन करने के बाद हँसकर बोले—तबरेज़ में फोन करो तो उधर से सीधे अजरी में जवाब मिलता है, फारसी में नहीं।" यह सुनकर मैं चौंक गया। इतना तो अन्दाज़ा था कि अजरी भाषा और फारसी के बीच एक अदृश्य दीवार सी है। पर यह इतनी पक्की होगी इसका अन्दाज़ा न था।

स्वर्ग के द्वार की ओर

आस्त्रा में पता चला कि शाम चार बजे तबरेज़ के लिए बस मिलेगी। सुबह कमरे से निकला और सोचा आस्त्रा के वे इलाक़े देखे जाएँ जो अब नहीं देख पाया हूँ। फिर ख़याल आया कि क्यों न दाढ़ी बनवा ली जाए। नाई की दुकान पहुँच गया। परिचय पाकर नाई महोदय खुश हो गए। कस्बे के अनुसार दुकान काफी साफ, आधुनिक और सजी हुई थी। पैसे भी उन्होंने ठीक ही लिए। पचास रुपए यानी दस हज़ार रियाल। फिर सोचा क्यों न ईरान का एक अच्छा-सा नक्शा ले लिया जाए। एक बुकसेलर की दुकान पर पहुँचा। परिचय कराया। उन्होंने एक नक्शा दिखाया। फारसी में था पर ज़ाहिर है, शहरों के नाम पढ़ सकता था। ले लिया। दुकानदार को पता चल गया कि मैं भारत से आया हूँ। पैसे पूछे तो दुकानदार महोदय ने शरमाते हुए कहा कि नहीं आपसे पैसे नहीं लूँगा। मेरी तरफ से उपहार है। ऐसे मौक़ों पर मेरी फारसी में अनूदित कहानियों की पुस्तिका काम आती है। मैंने फौरन उसकी एक प्रति निकालकर उन्हें भेंट कर दी। मैंने उनसे उनका कार्ड माँगा, अपना दिया और बाहर निकल आया।

आस्त्रा का एक चक्कर लगाया। स्कूलों की नई और अच्छी इमारतें दिखाई दीं। अस्पताल नज़र आए। सड़कें साफ और अच्छी हालत में देखीं। सोचने पर मजबूर होना पड़ा कि व्यवस्था है और विकास के कामों में पैसा लगाया जा रहा है।

दो बजे आस्त्रा के बस अड्डे पहुँच गया। टिकट लेने की कोशिश की तो पता लगा अभी नहीं मिलेगा। वेटिंग हॉल में बैठ गया। पास की बेंचों पर एक मोटे से बूढ़े व्यक्ति, उनके साथ उनकी पत्नी और दो

लड़कियाँ बैठी थीं। बूढ़े व्यक्ति से परिचय हुआ। इकराम नाम बताया। मैंने अपने बारे में बताया। कहानियों की पुस्तिका दी। पता चला बूढ़े पहले बस ड्राइवर थे अब रिटायर हो चुके हैं और तबरेज़ में रहते हैं। मैंने इकराम से पूछा कि तबरेज़ में मैं किसी अच्छे और सस्ते मेहमानपिज़ीर (मुसाफिरख़ाने) में ठहरना चाहता हूँ। उन्होंने पक्का विश्वास दिलाया कि वे सब कर देंगे। कुछ देर बाद उनकी लड़की सबके लिए जूस खरीदकर लाई और मुझे भी दिया। अब इकराम से नहीं उनके परिवार से मेरी बात होने लगी। टूटी-फूटी फारसी काम आने लगी। कहीं-कहीं गाड़ी अटक भी जाती थी। इकराम की पत्नी और लड़कियाँ हिन्दी फिल्मों के बारे में बताने लगीं। उनकी पत्नी ने हाथ की भंगिमा से नृत्य की मुद्रा बताई और कहा कि हिन्दी फिल्मों में नायिकाएँ 'हिजाब' नहीं करतीं और बहुत सुन्दर लगती हैं। उन्होंने अपने सिर पर ओढ़े गए हिजाब पर हाथ लगाकर ज़ाहिर किया कि यह उन्हें अच्छा नहीं लगता; पर मजबूरी है। बातें फिल्मों पर होने लगीं। उनकी एक लड़की ने पूछा कि भारतीय अभिनेत्रियों के बाल इतने लम्बे और खूबसूरत कैसे होते हैं? मैं, ज़ाहिर है, इस क्षेत्र का जानकार नहीं हूँ लेकिन कोई न कोई जवाब तो देना ही था। मैंने कहा यह पानी के प्रभाव के कारण होता है। लड़की पूरी तरह कन्विंस हो गई। बोली—'तासीरे आब।' मैंने कहा—'बेशक।' फिर शाहरुख खान वगैरा के बारे में बात होने लगी। मुझे लगा कि देखो भारत ने और कुछ किया हो या न किया हो लेकिन फिल्म उद्योग के जरिए तो नाम कमाया ही है। आस्त्रा की बाजार में भी मैंने हिन्दी फिल्मों की सी.डी. बिकते हुए देखी थीं।

तबरेज़ जानेवाली बस में मेरा चढ़ना या चढ़ाया जाना काफी नाटकीय रहा जो मेरी समझ में नहीं आया। मैं बस जाने से दो घंटे पहले आ गया था और टिकट खरीदना चाहता था पर यह कहकर टिकट न दिया गया था कि अभी बहुत जल्दी है। लेकिन जब बस खड़ी हुई तो पता चला मेरे पास टिकट नहीं है और बिल्कुल बस छूटने के दो मिनट पहले मुझे बस पर चढ़ने की अनुमति मिली और वह भी इस तरह जैसे मेरे ऊपर बड़ी मेहरबानी की जा रही हो।

बस पर साथ बैठे एक युवक से परिचय हुआ। वह कम्प्यूटर इंजीनियर है। बहुत मामूली और थोड़ी-थोड़ी अंग्रेजी में दो-चार बातें

हुईं। बस बिल्कुल नई दिशा में जा रही थी। मुझे यह जानकारी न थी कि तबरेज़ के रास्ते में सहन्द पहाड़ों की शृंखला पड़ेगी। धीरे-धीरे बस पहाड़ों पर चढ़ना शुरू हो गई। परिदृश्य बदलने लगा। शाम घिर आई थी। पहाड़ लगातार सुन्दर होते चले गए। मैं यह देखने और समझने की कोशिश करने लगा कि ये पहाड़ हिमालय से कितना और किस तरह भिन्न हैं। पहली बात जो समझ में आई वह थी कि इन पहाड़ों पर जंगलों के साथ-साथ हरी घास से ढके पहाड़ों का एक लम्बा सिलसिला है और पहाड़ इतने ऊँचे नहीं हैं कि पूरे परिवेश को ढँक लें। दूर-दूर तक साफ दिखाई देता है। हमारे यहाँ पहाड़ी रास्तों पर चलते हुए प्रायः पहाड़ या घाटियाँ दिखाई पड़ती हैं लेकिन इन पहाड़ों पर दूर-दूर तक फैले ऊँचे पहाड़ों पर हरी घास के मैदान नज़र आते हैं। निश्चित रूप से पहाड़ बहुत सुन्दर लगे। बस तेजी से ऊँचाई तय कर रही थी। सड़क के इधर-उधर, जंगलों और घास के मैदानों में पिकनिक मनानेवाले बड़ी तादाद में मौजूद थे और इसी के साथ-साथ प्लास्टिक कचरा भी बिखरा पड़ा था। एक बात और समझ में नहीं आई कि पिकनिक करनेवाले प्रायः सड़क के किनारे ही गाड़ियाँ खड़ी करके बैठे थे। वे कुछ अन्दर, जंगल के अन्दर, पहाड़ों के ऊपर क्यों नहीं जाते?

अधिक ऊँचाई पर पहुँचे तो कोहरे के बादल हमारे बिल्कुल पास आ गए। ठंडक बढ़ गई और पूरा परिदृश्य फैलता हुआ-सा महसूस होने लगा। अँधेरा होते-होते बस पहाड़ की ऊँची चोटियों से नीचे उतरने लगी। अब चारों ओर अँधेरा था निपट अँधेरा...यह अँधेरा उस वक़्त तक रहा जब तक कि दूर तबरेज़ की रौशनियाँ नहीं दिखाई देने लगीं। ऊँचाई से लगता था कि तबरेज़ रौशनियों का एक समुद्र है जिसका न ओर है न छोर।

आस्त्रा से फोन-वोन करने के बाद, तबरेज़ में मेरा कोई ठहरने का इन्तजाम नहीं हो पाया था। यानी 'सस्पेंस' था कि कहाँ ठहरूँगा। सहयात्री ने कुछ आश्वासन दिया था। तबरेज़ के विशाल बस अड्डे पर जब बस रुकी तो मित्र, भूतपूर्व बस ड्राइवर इकराम और उनका परिवार लापता हो चुका था। मैं सहयात्री के साथ खड़ा था हैरान और परेशान।

तबरेज़ बस अड्डे के टैक्सी स्टैंड पर आए तो वहाँ कयामत का-सा हिसाब-किताब था। कोई नियम नहीं। कोई कायदा नहीं। एक अनार

सौ बीमार...काफी देर बाद मैं, सहयात्री और तीन दूसरे लोग एक टैक्सी में बैठ गए। सहयात्री ने बताया कि मैं इन लोगों के साथ जो यहाँ मज़दूरी करने आए हैं, किसी मुसाफिरख़ाने में ठहर सकता हूँ। एक कमरे में तीन लोग रहेंगे तो मुझे कम पैसा देना पड़ेगा। ठीक है, मैं तैयार हो गया। लेकिन होटलवाले यह योजना फेल कर दी और कहा कि चूँकि मैं विदेशी हूँ इसलिए देशी लोगों के साथ नहीं रह सकता। फिर भी चालीस हज़ार दीनार में कमरा मिला। अब पेट का सवाल पैदा हुआ। साढ़े दस बज रहे थे। नीचे भागा और एक बन्द होती दुकान से टीनबन्द मछली और रोटी ले आया।

मिथकों और इतिहास का शहर तबरेज़ अपने बुनियादी चरित्र में ईरान के दूसरे शहरों से काफी अलग लगता है। यह 'आजरी' यानी तुर्की और ईरानी मिश्रित संस्कृति का सबसे बड़ा प्रतीक है। शहर ने अपनी सांस्कृतिक अस्मिता बचाए रखने के लिए कई संघर्ष किए हैं और एक अर्थ में यह आज भी जारी है। यही वजह है कि मेरे मित्र ने आस्त्रा से जब तबरेज़ के होटलों में फोन किए थे तो वहाँ से उत्तर फारसी में नहीं अजरी भाषा में मिले थे। यह शहर भाषाई और सांस्कृतिक संघर्ष में ही नहीं लोकतान्त्रिक अधिकारों की लड़ाई में भी आगे रहा है। 18वीं शताब्दी के अन्त और 20वीं शताब्दी के प्रारम्भ में संवैधानिक क्रांति का जन्म तबरेज़ में ही हुआ था। इस शहर ने ईरानी शासकों के दमन के साथ-साथ रूस की जारशाही के दमन-चक्र को भी झेला है। अपनी स्थापत्य कला और ऊँचे सौन्दर्य शास्त्रीय मानदंडों के अनुसार भी तबरेज़ का अपना अलग चरित्र है।

होटल से मैं सुबह तड़के ही निकल पड़ा। पुराने शहर को चारों तरफ से नए शहर ने घेर रखा है। आज तबरेज़ ईरान के बड़े औद्योगिक शहरों में गिना जाता है। लेकिन मैं तो शहर के उस हिस्से को ही देखना चाहता था जो प्राचीन है। सड़कों पर घूमते हुए चौराहों के करीब उन मज़दूरों की भारी भीड़ दिखाई पड़ी जो दिहाड़ी की तलाश में आए हुए थे। ऐसी भीड़ दूसरे शहरों में नहीं देखी थी। लगा कि आर्थिक रूप से प्रगति करने के बाद भी तबरेज़ में रोजगार की स्थिति बहुत अच्छी नहीं है।

सुबह का वक़्त होने की वजह से ज्यादातर दुकानें बन्द थीं। मुझे

कैमरे का फिल्म रोल चाहिए था। सोचा जब तक दुकाने नहीं खुलतीं तब तक कोई ऐतिहासिक इमारत देखी जाए। तबरेज़ की नीली मस्जिद (1465 ई.) बहुत प्रसिद्ध है। वहाँ पहुँचा तो देखा एक नई तरह का खूबसूरत पार्क है जिसमें छोटे-बड़े गोल दर बनाए गए हैं और बीच में बारहवीं शताब्दी के अजरी कवि शिरवानी ख़ाक़ानी की बड़ी-सी प्रतिमा लगी हुई है। उसके पीछे एक गोल गुम्बद दिखाई पड़ा जिस पर मैं फिदा हो गया। जो लोग रेखाओं और आकारों से प्यार करते हैं वे अच्छी तरह पहचान लेते हैं कि किस आकार की सुन्दरता क्या है। दरअसल आकार की सुन्दरता केवल आकार पर ही नहीं बल्कि उसके संतुलन से बनती है। आकार अपने 'प्रोपोशन' में कुछ सम्प्रेषित करता है। आकार में छोटा-सा परिवर्तन मतलब किसी विशेष दिशा या भाग पर दिया जानेवाला बल पूरी परिकल्पना को प्रभावित करता है। वह संवेदनाओं को जगाता है और बनानेवाले के सौन्दर्यशास्त्रीय सिद्धान्तों को स्थापित करता है। नीली मस्जिद का गोल गुम्बद बिल्कुल गोल भी नहीं है। यह गोलाई के उन परिचित आकारों से भिन्न है जैसे प्रायः दिखाई देते हैं और अपनी भिन्नता के कारण ही नहीं बल्कि अनुपातिक सुन्दरता के कारण यह बहुत आकर्षक हो गया है। लगता है नीली मस्जिद में और कुछ न होता केवल यही गुम्बद होता तो वह अद्वितीय इमारत होती। रोचक यह है कि नीली मस्जिद का गुम्बद नीला नहीं है। यह सफेद रंग का है और नया बना लगता है। यह राज़ बाद में खुला कि ईरानी इतिहास के सबसे भयंकर भूकम्प (1727) में यह गुम्बद सही सलामत बच गया था लेकिन 1773 के भूचाल में यह गिर गया था। 1951 में इसे बनाने का काम शुरू किया गया था और आज यह बनकर तैयार है लेकिन पहले जैसे 'शेप' में ही है। हाँ अभी-अभी इसके ऊपर टाइल्स और फारसी कैलीग्राफी का वह काम होना है जो मूल गुम्बद पर था।

गुम्बद देखता हुआ और उसके चित्र खींचता मैं मस्जिद के मुख्य द्वार पर आ गया। एक विशाल दरवाजा नज़र आया जिस पर नीले रंग के 'टायल्स' से कुरान की आयतें और बेल बूटे द्वारा चप्पाकारी की गई थी। मस्जिद के दरवाजे पर चार ईरानी सिपाही बैठे थे। उन्हें देखकर उनसे बात करने का मन बन गया और मैंने टूटी-फूटी फारसी में उनसे

परिचय कराया। कुछ बातचीत होने लगी। अपने ऊपर हँसी भी आई कि आए थे मस्जिद देखने और यहाँ बैठकर ईरानी सिपाहियों से गप्प मारने लगे। बहरहाल एक सिपाही ने फरमाइश कर दी कि उसे हिन्दी फिल्मी गानों का कैसेट चाहिए। मैंने उसका पता नोट किया। इतनी देर में वहाँ करीब तीस-पैंतीस साल का आदमी आ गया और अंग्रेजी में बोला कि क्या मैं आपकी मदद कर सकता हूँ? पूरा परिचय देते हुए उसने अपना कार्ड दिखाया कि वह मान्यता प्राप्त गाइड है और चाहूँ तो उसकी सेवाएँ...मैंने मना कर दिया। पर अन्य गाइडों की तरह यह गया नहीं और मेरे लिए द्विभाषिए का काम करने लगा। कुछ देर बाद रिज़ा (गाइड का नाम) ने फिर कोशिश की कि मैं उसे गाइड ले लूँ पर मैं तैयार न हुआ। लेकिन अब उससे मेरी सीधी बात होने लगी। उसने कहा कि वह ईरान के पाकिस्तानी सीमा पर बसे शहर हमदान में किसी भारतीय कम्पनी में काम कर चुका है और भारतीय लोगों को बहुत अच्छा मानता है इसलिए वह बिना पैसे लिए भी मेरी मदद करने के लिए तैयार है। मैंने धन्यवाद दिया और उससे पूछा कि ईरानी एयर लाइन्स 'महान' का ऑफिस कहाँ है क्योंकि मुझे अपनी वापसी 'कन्फर्म' करानी है। वह बोला कि कोई दस मिनट बाद वह स्वयं वहाँ किसी काम से जा रहा है और मैं चाहूँ तो मैं उसके साथ चल सकता हूँ। अजनबी देश में सहारा। मैंने कहा, बिल्कुल ठीक है और टैक्सी का किराया मैं दूँगा।

रिज़ा जिन्हें मैं अपनी सहूलियत तथा हिन्दुस्तानी उच्चारण के अन्तर्गत रज़ा लिखूँगा मेरे साथ एयर लाइन्स के ऑफिस गए। वहाँ मेरा पूरा काम कराया। फिर सवाल यह पैदा हुआ कि रात में मुझे तेहरान जाना है, बस का टिकट रिजर्व कराना है। रज़ा ने यह काम भी कराया। फिर होटल से सामान लेना था ताकि दो बजे दिन के बाद अगले दिन का किराया न लग जाए। इस काम में भी रज़ा ने मदद की। मैं यह समझने की कोशिश कर रहा था कि रज़ा मेरे ऊपर इतनी कृपा क्यों कर रहे हैं कि अपना काम-धंधा छोड़कर मेरे साथ लगे हैं। यह रहस्य समझ में नहीं आ रहा था। इस बीच रज़ा से बहुत सी बातें भी हो रही थीं। उन्होंने बताया कि वे अंग्रेजी में बी.ए. ऑनर्स हैं और एम.ए. करना चाहते हैं। क्या दिल्ली से कर सकते हैं? मैंने उन्हें सलाह दी और

दिल्ली में अपने एक सहयोगी को ई-मेल भी दिया कि रज़ा की मदद करें। आख़िर दोपहर होते-होते हम अच्छे दोस्त बन गए थे। रज़ा ने मेरी इतनी मदद की थी कि मैं उन्हें दोपहर का खाना खिलाने के बारे में सोचने लगा। मैंने उनसे कहा कि हम शहर के केन्द्र में चलें, वहाँ कहीं कबाब खाएँ और थोड़ा और घूम लें। रज़ा ने कहा कि यहीं, यानी नए शहर के महँगे इलाके में बहुत मुनासिब होटल है जहाँ हम खाना खा सकते हैं। वे मुझे लेकर एक रेस्तराँ में गए और ऑर्डर देने से पहले पूछा कि इतने-इतने पैसे का खाना होगा। जो रकम उन्होंने बताई थी या मैंने सुनी थी, मुनासिब लगी। खाना आया, कबाब, चावल और सूप। अच्छा खाना था। बिल देने हम काउंटर पर गए तो बताया गया कि तीन लाख रियाल का पेमेंट करना है। मैं प्रायः पचास हज़ार या उससे कम पैसे में कबाब वगैरा खाया करता था और सोच रहा था कि बिल अगर डेढ़ लाख रियाल भी होगा तो ठीक है। पर यहाँ तो तीन लाख देना था। मैंने कहा बिल कहाँ है तो बताया गया कि इस होटल में बिल दिया नहीं जाता, रकम बता दी जाती है। मैं कुछ हिचकिचाया तो देखा कि रज़ा के तेवर भी बदले हुए हैं और उन्होंने कहा कि बिल तो देना पड़ेगा। मुझे समझते देर नहीं लगी कि रज़ा का दाँव चल गया है और कोई रास्ता न था। मैंने पैसे गिनने शुरू किए और तीन लाख गिन देने के बाद मेरे पास एक रियाल भी न बचा। जबकि मुझे विश्वास था कि मेरे पास जो पैसे हैं वे तेहरान में भी काम आएँगे। मतलब रज़ा ने मूड लिया। यह भी लगा कि होटलवाले को वह जानते हैं। पता नहीं बाद में आकर अपना 'हिस्सा' ले जाएँगे या जाने क्या होगा? तीन लाख का बिल चुकाने के बाद मैं बाहर आया तो रज़ा ने कहा अब आपके पास ईरानी करेंसी तो बची नहीं है। चलिए आपके डॉलर चेंज करा दूँ। यह सुनकर मुझे यक़ीन हो गया कि मैं जब भी जहाँ भी पेमेंट करता था रज़ा मेरे पैसों का हिसाब लगा देते थे और नज़रों ही नज़रों में सब समझ लेते थे। इसलिए रज़ा का यह कहना कि चलिए आपके डॉलर चेंज करा दूँ मुझे खतरे की घंटी ही नहीं लगा यह यक़ीन हो गया कि यह आदमी फ्रॉड है, ठग है और अब मैं इसके साथ डॉलर चेंज कराने जाऊँगा तो पता नहीं क्या हो? हो सकता है जाली करेंसी दिला दे, हो सकता है कोई डॉलर लेकर भाग जाए या हो सकता है

गैर-कानूनी तरीके से डॉलर चेंज कराने के इल्जाम में मुझे फर्जी पुलिस का सिपाही पकड़ ले और मेरे सारे डॉलर मुझसे छीन लिए जाएँ। यानी कुछ भी हो सकता है। ये सब पर्यटकों के साथ होता रहता है।

मैंने कुछ नाराज़ होकर रज़ा से कहा कि आपका बहुत-बहुत शुक्रिया। मुझे जब डॉलर चेंज कराने होंगे तो मैं खुद ही करा लूँगा।' कहने को तो मैंने यह कह दिया था, लेकिन बैंक कहाँ है? वहाँ कैसे जाऊँगा? कौन-सा बैंक होगा? ईरान में 'मनी चेंज' काफी मुश्किल है और मेरे पास इतनी ईरानी करेंसी भी नहीं है कि रास्ते में चाय-वाय भी पी सकूँ। तो संकट गहराता लगा। पर यह भी लगा कि रज़ा के साथ डॉलर चेंज कराने का मतलब तो 'मौत' को दावत देना ही होगा।

मैंने रज़ा से कहा—'आपने मेरी बहुत मदद की है। आपका आभारी हूँ। अब कृपया आप अपना काम करें और मुझे अपना काम करने दें। आप जाइए।'

मेरे ऊपर हैरत और घबराहट का पहाड़ टूट पड़ा जब रज़ा ने कहा कि—"वे मुझे 'अकेला' छोड़कर नहीं जा सकते। वे मेरे साथ ही रहेंगे।"

अब जैसे काटो तो खून नहीं। मैं बेहद परेशान हो गया और फिर कहा कि "प्लीज आप मेरे साथ न रहें, आप जाइए।"

रज़ा ने कहा—"नहीं, मैं आपको यहाँ अकेला छोड़कर नहीं जा संकता।" सोचा यार बड़ा शातिर आदमी है। हो सकता है इसने यह सोचा हो कि शाम तक मेरे साथ रहेगा और मेरे जाने के पहले यह कहेगा कि मैंने दिन भर के लिए उसे गाइड के रूप में 'हायर' किया था। उसने बताया था कि वह सौ डॉलर प्रतिदिन लेता है और मैं उसे सौ डॉलर दूँ जो उसकी फीस है। अगर उसने यहाँ यह कहा तो मेरा साथ कौन देगा? मैं भाषा नहीं जानता था। वह स्थानीय आदमी है। पंजीकृत गाइड है। उसकी बात सब मान लेंगे और मुझे पता नहीं उसे कितना पैसा देना पड़ जाएगा। चलो जो दिल में है इससे कह दो। देखो क्या होता है।

मैंने कहा—"आप दिन भर मेरे साथ इसलिए रहना चाहते हैं कि शाम को कह सकें कि मैंने आपको दिन भर के लिए 'गाइड' के तौर पर 'हायर' किया था और आपकी फीस सौ डॉलर होती है जो मैं अदा करूँ।"

यह सुनकर रज़ा हँसने लगा और बोला—"नहीं-नहीं...मैं ये नहीं

कहूँगा...आप गुस्से में आ गए हैं।"

"हाँ मैं जरूर गुस्से में हूँ। आप जानते हैं कि मैं हिन्दुस्तानी हूँ। अमेरिकन या यूरोपियन टूरिस्ट नहीं हूँ। आप ये भी जानते हैं कि मैं बस से सफर कर रहा हूँ। सस्ते होटलों में ठहर रहा हूँ। यह सब जानते हुए आपने ऐसे रेस्तराँ में खाना खिलवाया जहाँ तीन लाख का बिल आ गया।"

वह बोला—"हाँ, मुझे अफसोस है कि बिल कुछ ज्यादा आ गया था। लेकिन यहाँ के यही रेट हैं।"

मैं कुछ नहीं बोला। उसे एक 'गुडबाई' कहा और एक दिशा को चल दिया। लेकिन उसने मेरा पीछा नहीं छोड़ा। वह मेरे साथ-साथ चलने लगा। मेरे कई बार कहने पर भी उसने चले जाने से इनकार किया। अब मैं समझ नहीं पा रहा था कि रज़ा ऐसा क्यों कर रहा है?

मैं एक पार्क में आकर बेंच पर बैठ गया। वह भी मेरे पास बैठ गया। मैं उठकर चल दिया तो वह भी साथ-साथ चलने लगा। अब तो मेरी घबराहट और गुस्सा दोनों बढ़ने लगे। लेकिन लगा इससे काम नहीं चलेगा—पता नहीं इसके क्या इरादे हैं ?

रज़ा कहने लगा—"गुस्सा थूकिए...मैं अपने पैसे से आपको घुमा देता हूँ।"

"नहीं शुक्रिया...आप अब जाइए।"

"मैं आपको छोड़कर नहीं जाऊँगा...आपकी बस ग्यारह बजे रात को जाती है, तब तक मैं आपके साथ रहूँगा।"

अब क्या किया जाए। मैं बस अड्डे की तरफ पैदल चल निकला। वह भी साथ-साथ चलने लगा। बस अड्डे पर मैं एक सीट पर बैठ गया; वह भी बराबर वाली सीट पर बैठ गया। मेरे बहुत ज्यादा कहने पर कि उसे चले जाना चाहिए। रज़ा ने कहा-ठीक है मैं अभी जा रहा हूँ लेकिन आपकी बस जाने से पहले आऊँगा।" यह कह वह चला गया।

अब मेरी हालत यह कि जेब में एक पैसा नहीं। पूरी रात का सफर। सुबह तेहरान पहुँचकर टैक्सी करनी पड़ेगी। उसके लिए पैसा नहीं है। रात में कुछ खाना-वाना भी पड़ेगा। डॉलर चेंज कराए बिना काम ही नहीं चलेगा। मैं उठा और सोचा आसपास कोई बैंक होगा वहाँ

चलकर डॉलर चेंज करा लिए जाएँ। दूर जा भी नहीं सकता था क्योंकि पहली बात यह कि टैक्सी का किराया नहीं था। दूसरी बात यह कि पता नहीं था कि बैंक कहाँ है और टैक्सीवाले आमतौर पर अंग्रेजी नहीं जानते। इसलिए पैदल घूमते हुए बैंक खोजना ही एकमात्र रास्ता था।

काफी लम्बा चक्कर लगाकर एक बैंक में पहुँचा पर उन्होंने कहा कि वे विदेशी मुद्रा में 'डील' नहीं करते। फिर किसी और बैंक की तलाश में कई किलोमीटर का चक्कर लगाया और कोई बैंक नहीं मिला। अब जैसे-जैसे शाम घिर रही थी संकट भी गहराता दिखाई पड़ रहा था। चाय तक नहीं पी सकता था, पानी नहीं खरीद सकता था, खाने की कौन कहे।

अचानक ख़्याल आया कि रज़ा ने कहा है वह बस जाने से पहले आएगा। अगर वह आ गया तो...एक अद्भुत विचार आया और अपनी पीठ अपने आप ठोंकने लगा। अब रज़ा का मैं बेसब्री से इन्तजार करने लगा। मुझे यक़ीन था कि वह आएगा। करीब छह बजे वह आया और उसे देखते ही मैं खुश हो गया। रज़ा ने भी मेरे स्वभाव में आए परिवर्तन को महसूस किया। मैंने उससे बहुत निदामत से कहा—"मुझे कुछ ज्यादा ही गुस्सा आ गया था। मैं माफी चाहता हूँ।"

वह खुश हो गया। हम दोनों एक दुकान में चाय पीने गए। चाय पीते हुए मैंने उससे कहा—"तुम्हारे पास अभी इसी वक़्त जेब में कितने पैसे हैं?"

उसने निकालकर गिने। दस डॉलर के करीब ईरानी करेंसी उसके पास थी।

मैंने कहा—"ये ईरानी करेंसी मुझे दे दो और मुझसे दस डॉलर ले लो।"

उसने कहा—"दस हज़ार रियाल (यानी पचास रुपए) कम हैं।"

मैंने कहा—"कोई बात नहीं...दस हज़ार तुम और रखो...घर जाने के लिए किराया...बाकी पैसे मुझे दे दो।"

उससे करीब साठ हज़ार रियाल लेकर मैंने जेब में रखे। उसे दस डॉलर दिए। वह खुश हो गया और मेरा तो पूछना ही क्या?

हम बड़ी प्यार भरी बातें करने लगे। जब बस चलनेवाली थी तो उसने कहा कि वह ईरानी और तुर्की संस्कृति के अनुसार मेरा चुम्बन लेकर मुझे विदा करना चाहता है। मुझे लगा यार इसमें कहीं कोई चाल न हो। ख़ैर, मैंने अपना पर्स, पासपोर्ट जिन जेबों में रखा था उन्हें अच्छी तरह दबाया और चुम्बन के लिए तैयार हो गया।

धर्म के गढ़ में

धर्म और व्यक्ति, धर्म और समाज, धर्म और राजनीति—ये तीनों समीकरण धर्म के जिस स्वरूप को स्थापित हैं वह एक-दूसरे से नितान्त भिन्न है। परन्तु धर्म इन तीनों समीकरणों के केन्द्र में है। निश्चित रूप से व्यक्ति और धर्म का समीकरण सहज रूप में बहुत सीधा-साधा है और व्यक्ति के हित और उत्थान को ध्यान में रखता है। धर्म और समाज एक व्यवस्था की माँग करते हैं और धर्म विशेष के माननेवाले अपने को एक समुदाय के रूप में गठित करते हैं। धर्म जब राजनीति के साथ मिल जाता है तो राजनीतिक व्यवस्था को संचालित करता है। रोचक यह है कि धर्म जैसा आध्यात्मिक विषय राजनीति जैसी स्थूल और व्यावहारिक स्थापना से पूरा सामंजस्य स्थापित कर लेता है और धर्म राज्यों का आधार बनता है।

ईरान इस्लामी गणराज्य है। यानी एक ऐसी राजनीतिक व्यवस्था को इस्लाम के सिद्धान्तों पर आधारित है। निश्चित रूप से यह समीकरण राजनीति के क्षेत्र में इस्लाम की स्थापनों से संचालित होता है। पर कठिनाई यह पैदा होती है कि धर्म के मूल पाठ की व्याख्या करते हुए उन सूत्रों को तलाश करना पड़ता है जो वर्तमान सामाजिक, राजनीतिक स्थितियों के सन्दर्भ में दिशा दे सकें।

इस्लाम 'मसावात' यानी बराबरी पर बहुत जोर देता है। इसके कारण मुझे विश्वास था कि ईरान में इस्लामी क्रांति आने के बाद निश्चित रूप से भूमि सुधार हुए होंगे और ईरान में गरीबों और अमीरों के बीच बहुत बड़ा अन्तर न होगा। लेकिन ईरान में मेरे यह दोनों भ्रम टूट गए। बताया गया कि इस्लामी क्रांति के बाद जमीन के बँटवारे के

सवाल पर धार्मिक नेताओं की राय थी कि यह गैर इस्लामी है। इस कारण ईरान में बहुत बड़े किसानों के पास बेहिसाब भूमि है तथा दूसरी ओर छोटे किसान उजड़ रहे हैं। ईरान में ऐसे गाँव अक्सर दिखाई पड़ जाते हैं जो पूरी तरह उजड़ चुके हैं। शहरों में भुखमरी तो नहीं है। मतलब कमजोर, बेसहारा, बेरोजगार, शोषित और असहाय लोग नहीं नज़र आते पर गरीब और अमीर के बीच बहुत बड़ा अन्तर जरूर दिखाई पड़ता है।

ईरान के धार्मिक शहर जैसे क़ुम और मशहद देखकर यह विश्वास पक्का हो गया कि धर्म और धन के बीच एक स्थायी समझौता हो चुका है। धर्म और धनाढ्यता, धर्म और ऐश्वर्य, धर्म और प्रदर्शन का जो रूप देखने को मिलता है वह ईरान ही में नहीं सारे संसार में एक जैसा है। निश्चित रूप से हर धर्म के प्रवर्तक और उनके सच्चे अनुयायी सादगी, सहजता, मितव्ययता पर बल देते थे लेकिन आज उनके नाम पर धन का अश्लील प्रदर्शन किया जा रहा है।

ईरान का शहर क़ुम एक धार्मिक नगर है जो संसार के शिआ मुसलमानों के लिए बहुत महत्त्व रखता है क्योंकि यहाँ आठवें इमाम हजरत रज़ा (जिनका मक़बरा मशहद में है) की बहन हज़रत मासूमा का मक़बरा है। धार्मिक हिसाब से मशहद की तुलना में सम्भवतः कम महत्त्वपूर्ण होने के बावजूद क़ुम का एक अलग ही महत्त्व है। यह संसार के शिआ मौलवियों की शिक्षा का केंद्र है और शिआ मौलवियों के मुखिया यहाँ रहते हैं। यहीं आयतुल्ला खुमैनी भी रहा करते थे जिन्हें ईरान के रज़ाशाह पहलवी ने देश निकाला की सज़ा दे दी थी। कहा जाता है क़ुम से ही ईरान की धार्मिक राजनीति तय होती है। इस्लामी क्रांति से पहले भी क़ुम से ही ईरान की राजशाही को चुनौती मिला करती थी।

तेहरान से क़ुम का रास्ता कोई डेढ़-दो घंटे का है। बस पर दो अफगानी मज़दूर मिल गए थे जो अच्छी तरह हिन्दुस्तानी बोलते थे। ये लोग ईरान में गैरकानूनी तौर पर रह रहे थे और मज़दूरी करते थे। इनके पास कागजात नहीं थे और इन्हें डर लगा रहता था कि पुलिस कहीं इन्हें पकड़ न ले। इनमें से एक ने अपना नाम नादिर अली करीमी बताया था और मुझे बस का किराया नहीं देने दिया था। रास्ते में

नादिर से काफी बातचीत होती रही। उसने बताया कि ईरान में बहुत तरक्की हो रही है। सरकार जनता पर काफी पैसा खर्च करती है। स्कूल, अस्पताल, सड़कें और बिजली की व्यवस्था अच्छी है। फिर उसने कहा था लेकिन ईरानी हमेशा अपनी सरकार की शिकायत करते रहते हैं। ये एहसान फरामोश हैं। इन्हें इत्मीनान ही नहीं होता। जबकि इनके लिए सरकार बहुत करती है। अफगानिस्तान के बारे में उसने बताया कि वहाँ सब कुछ समाप्त हो चुका है।

क़ुम में हम बस से उतरे तो नादिर मुझे एक होटल में ले गया जहाँ एक कमरा पचास डॉलर में था। ज़ाहिर है कि यह मेरे लिए बहुत महँगा था। फिर वह मुझे मेरे स्टैंडर्ड के एक मेहमानपिज़ीर (मुसाफिरख़ाने) में ले गया जहाँ किराया आठ डॉलर था। मैं वहाँ ठहर गया। नादिर चला गया। उसने कहा कि वह शायद कल मुझसे मिल सकेगा।

कमरे में सामान पटककर मैं बाहर आ गया। चौराहे के बीच में घंटाघर था और बाईं तरफ दूर तक फैली मक़बरे तथा मदरसे की इमारत थी। इसके सामने एक सूखी नदी थी जहाँ गाड़ियों की पार्किंग और टैंट लगाकर रहने की जगह बनाई गई थी। मैं पहले मक़बरे की तरफ बढ़ा। रात हो चुकी थी और दूर से रौशनी में नहाया मक़बरा और चारों तरफ बनी मस्जिदें और इमारतें सफेद रौशनी में नहा रही थीं। मुख्य मक़बरे का गुम्बद सोने की तरह दमक रहा था। उसके ऊपर शीशे लगे थे जिनके नीचे से सुनहरा प्रकाश निकल रहा था। सब कुछ बहुत भव्य और शानदार था। पूरी इमारत खासतौर पर मेहराबदार ऊँचे दरवाजों और गुम्बदों पर रंगीन टायल्स से बहुत खूबसूरत पारम्परिक डिजाइनें तथा 'कैलीग्राफी' के नमूने बने हुए थे।

मुख्य मक़बरे में दोनों तरफ विशाल मस्जिदें और वे इमारतें हैं जहाँ धर्म की शिक्षा दी जाती है। मैं एक मस्जिद के अन्दर चला गया। जगमगाहट से आँखें चकाचौंध हो गईं। हर तरफ जो था वह चमक रहा था। चप्पे-चप्पे पर भरपूर रौशनी थी। लोगों का आना-जाना लगा हुआ था। क़ुम का रौजा महिलाओं के लिए विशेष महत्त्व रखता है इसलिए बड़ी संख्या में हिजाब किए औरतें जाती और आती दिखाई दे रही थीं। मैं बाहर निकल आया और सोचा कल सुबह कैमरा लेकर आऊँगा।

बाहर सड़कों पर बड़ी चहल-पहल दिखाई दी। मैंने पुल पार किया

और अपने होटल के सामनेवाले चौराहे से एक ऐसी सड़क पकड़ ली जिस पर दोनों तरफ दुकानें थीं। क़ुम चहल-पहल के बावजूद काफी परम्परावादी ढंग का शहर लगा। वह आधुनिक प्रभाव जो दूसरे शहरों में दिखाई पड़ता है यहाँ नहीं है। तरह-तरह की दुकानों के पास से गुज़रता मैं रोटी की दुकान के सामने रुक गया। सोचा रात में कुछ खाना तो है ही क्यों न रोटी खरीद ली जाए। रोटी की दुकान में तरह-तरह की रोटियाँ रखी थीं। ईरानियों से रोटी बनाने का काम सीखना चाहिए। इतने तरह की और इतनी मजेदार रोटियाँ शायद ही और कहीं बनती हों। वजह शायद है कि लोग घरों में रोटी नहीं पकाते। वह हमेशा बाजार से ही खरीदी जाती हैं।

दो-तीन तरह की रोटियाँ खरीदने के बाद मैं फिर फुटपाथ पर आ गया। एक छोटी-सी दुकान में देखा कि बड़ी-सी परात में किसी जानवर की खाल पक्की रखी है। दुकान के अन्दर बैठे लोग खा रहे हैं। मैंने कहीं सुना तो था कि खाल भी पकाकर खाई जाती है लेकिन खाने का मौक़ा कभी न मिला था। सोचा हाथ कंगन को आरसी क्या और पढ़े-लिखे को फारसी क्या। चलो खाते हैं। फिर ख्याल आया कि रोटी तो ले ली है। दुकान में अन्दर जगह कम है। देखा कि कुछ लोग खाल की डिश पैक करा रहे हैं। मैंने भी एक डिब्बे में पैक करा ली। खाल के साथ कुछ तरी जैसी चीज़ भी थी। अब सवाल यह पैदा हुआ कि उसे होटल के कमरे में खाने के लिए चमचा चाहिए होगा और मेरे पास चमचा नहीं है।

एक चमचा खरीदा कुछ मुश्किल लगा क्योंकि दुकानदार चमचों के सेट बेच रहे थे। बहरहाल खोजने से भगवान तक मिल जाता है चमचे की क्या औकात। एक छोटी सी बाजार में चमचा मिला और होटल के कमरे में लौट आया। सोचा खा लूँ और फिर बाहर टहला जाए। बताया गया था कि शहर में कोई डर नहीं है और रात भर लोग आते-जाते रहते हैं। रौज़ा चौबीस घंटे खुला रहता है।

होटल के कमरे में खाल खाई। मजा कुछ नया कुछ अजीब लगा। सोचा और खाऊँ तो शायद अच्छी लगी। और खाई तो खाल से अजीब लेकिन अरुचिकर गंध सी आई। सोचा यार लोग तो बड़ा मजा ले-लेकर खा रहे थे। कुछ और खाकर देखो हो सकता है अच्छी लगने लगे। और

खाई पर यह जल्दी ही पता चल गया कि चलेगी नहीं। मतलब खा नहीं पाऊँगा। रोटी के साथ पनीर खाकर पानी पी लिया और सोचा खालवाली डिश बाहर निकालकर कूड़े के डिब्बे में डाल दूँगा। अच्छी बात है कि ईरानी न केवल अपने शहरों को साफ रखते हैं बल्कि जगह-जगह कूड़ा फेंकने के डिब्बे लगाए जाते हैं।

अगले दिन मैं तड़के ही रौज़े पर गया। केवल मस्जिद वाले हिस्से में फोटोग्राफी की अनुमति थी। मुख्य रौज़े का फोटो नहीं खींचा जा सकता था। रौज़े की जियारत की। वहाँ भीड़ थी। बाहर आ गया और सड़कों, गलियों में घूमता रहा। इस शहर में इमाम अयातुल्ला खुमैनी के घर को छोड़कर और कोई महत्त्वपूर्ण चीज़ नहीं है और वह घर पर्यटकों के लिए बन्द है। इसलिए होटल से सामान उठाया और बस अड्डे जानेवाली सड़क पर 'सवारी' का इन्तजार करने लगा। चलो एक तीर्थयात्रा पूरी हुई।

आधी दुनिया

विज्ञान और तकनीक ने संसार को बहुत छोटा बना दिया है। पूरे संसार का चक्कर लाखों लोग लगा चुके हैं। आज क्या है संसार में जो लुका-छुपा रह गया है? लेकिन सोलहवीं शताब्दी में तो ऐसा नहीं था। संसार का पूरा नक्शा ही नहीं बन सका था। किसी को नहीं पता था कि संसार के ओर-छोर क्या है? कितने लोग बसते हैं? कितनी तरह के लोग रहते हैं? कितने देश हैं? कितनी नदियाँ हैं? उस समय का संसार सीमित होते हुए भी अंजान था। कठिन था। चुनौती भरा और रहस्यमय था। उस ज़माने में इस्फ़हान के बारे में कहा जाता था कि वह 'आधी दुनिया' के बराबर है। इस्फ़हान का सही या मूल उच्चारण निस्फ (आधा) और जहान (संसार) है। मतलब यह कि इस्फ़हान देखने का मतलब था कि आधी दुनिया देख ली और आधी दुनिया ही देख पाना असम्भव जैसा था उस युग में।

तेहरान से 340 किलोमीटर दक्षिण में इस्फ़हान सैकड़ों वर्षों तक ईरान की राजधानी था। आज राजधानी न होते हुए उसकी हैसियत राजधानी से कम नहीं है। ईरानी संस्कृति तेहरान में नहीं बल्कि इस्फ़हान के रगों में धड़कती है। शहर में अतीत का गौरव ही नहीं बल्कि वर्तमान का सौन्दर्य भी है। कला और संस्कृति के क्षेत्र में, फिल्म और साहित्य के मैदान में, संगीत और स्थापत्य कला में आज भी इस्फ़हान आगे है। यहाँ बाज़ारों में घूमते हुए उस इतिहास को महसूस किया जा सकता है जिसके कारण इस्फ़हान को आधा संसार कहा जाता था। सैकड़ों श्रेष्ठ ऐतिहासिक इमारतों, दसियों बाग़ों और प्राचीन बाज़ारों को अपने अन्दर समेटे यह शहर कदम-कदम पर चौंका देता

है। सड़क पर चलते हुए पेड़ों के झुरमुट के पीछे किसी पुरानी इमारत का ऐसा फाटक दिखाई पड़ता है कि पैर अपने आप ठहर जाते हैं। लगता है कि कुछ ऐसा नहीं है जिसके पीछे गहरी कलात्मक दृष्टि न हो। दुकानों के बोर्ड और इश्तिहार तक कलाकृतियों जैसे लगते हैं। यही वजह है कि यूनिस्को ने इस शहर को विश्व धरोहर की मान्यता दी है।

ढाई हज़ार साल पुराने इस्फ़हान का लम्बा-चौड़ा इतिहास है जिसकी कड़ियाँ भारत से भी जुड़ती हैं। शेरशाह सूरी से हारने के बाद मुगल बादशाह हुमायूँ यहीं आया था और उसे इसी शहर में ईरान के सम्राट शाह अब्बास सफ़वी ग्यारह साल उसकी मेहमानदारी की थी और पुनः हिन्दुस्तान हासिल करने के लिए फौजी सहायता भी दी थी। ईरान के पुराने यानी हख़ामंशी साम्राज्य (ई. 700 वर्ष पूर्व) की स्थापत्य कला से प्रेरित 'चेहेल स्तून' मतलब चालीस खम्भोंवाले महल में दीवारों पर बड़ी-बड़ी तस्वीरें पेंट की गई हैं। इनमें से एक तस्वीर में मुगल सम्राट हुमायूँ को शाह अब्बास सफ़वी द्वितीय के साथ एक भोज में चित्रित किया गया है।

इस शहर का इतिहास उतना ही पुराना है जितना ईरान का इतिहास है। ईसा से 700 वर्ष पूर्व हख़ामंशी सम्राटों के साथ में और उसके बाद सासानी सम्राज्य (ई. 200 वर्ष पूर्व) में इस्फ़हान बड़ा शहर था। लेकिन इसका स्वर्ण युग शाह अब्बास सफ़वी के शासनकाल से प्रारम्भ होता है। शाह अब्बास सफ़वी तबरेज़ से अपनी राजधानी इस्फ़हान ले आए थे। उस समय की कई शानदार इमारतें अब भी यहाँ हैं। उसके बाद सफ़वी सम्राटों की राजधानी इस्फ़हान अफ़ग़ानी हमलों का शिकार हुआ और अन्ततः राजधानी तेहरान चले जाने के कारण शहर सम्राट विहीन हो गया।

टैक्सीवाले ने मुझे अमीर कबीर होटल के समाने छोड़ा था। होटल में बताया गया कि एक कमरे का किराया बीस डॉलर है। मैं धन्यवाद कहकर वापस जाने लगा तो होटल के मालिक ने पूछा कि क्या कमरा 'शेयर' कर सकता हूँ। मेरे हाँ कहने पर बताया कि 'डॉरमेट्री' में मुझे एक 'बेड' कोई दो डॉलर में मिल सकता है। मैं तैयार हो गया। 'डॉरमेट्री' बहुत साफ सुथरी थी। छह पलंग बिछे थे। बाकायदा

बेडकवर वगैरा सब थे। मुझसे एक फार्म भराया गया जिसमें लिखा था कि सामान की ज़िम्मेदारी मेरी ही है और इसी तरह की तमाम बातें थीं। मैंने अपने लिए कोने का एक बेड चुन लिया और सामान रखकर घूमने निकल पड़ा। टूरिस्ट गाइड किताबों से पता चला कि मुख्य और प्राचीन इमारतें करीब ही हैं और उन्हें टहल-घूम कर देखा जा सकता है। पहले तो मैं दिशाहीन होकर घूमने लगा। पुराने कच्ची मिट्टी और लकड़ी के मकान देखे। वैसे दरवाजे और दर जो अपने यहाँ पुराने कस्बों और गाँवों में होते हैं। कोई दो-तीन किलोमीटर का चक्कर लगाकर मैंने पूछना शुरू किया कि मशहूर इमाम मस्जिद किधर है। अपने क्षेत्रफल में, चीन के संसार के सबसे बड़े अहाते माउ त्सेतुंग स्वायर से कुछ ही छोटी यह मस्जिद इस्लामी दुनिया की सबसे बड़ी इमारत है। शाह अब्बास सफ़वी महान ने इसे अपने जीवन की एक बहुत बड़ी महत्वाकांक्षा के रूप में बनवाया था।

जैसा कि मेरे साथ होता है, मैं इस विशाल इमारत में उस द्वार से दाखिल नहीं हो पाया जो इसका दरवाजा है। लेकिन जब मैं इसके अन्दर गया तो आधी दुनिया देख लेने के बाद भी हैरत में पड़ गया। इतनी बड़ी, व्यापक, भव्य और सुन्दर इमारत मैंने जीवन में कभी नहीं देखी थी। पहले तो यह समझने में समय लगा कि आखिर ये है क्या? ये ठीक है कि इसके एक कोने पर मस्जिद है। एक दूसरे सिरे पर कोई मक़बरा है लेकिन चारों तरफ फैला विशाल भवन क्या है? अन्दर गया तो पता चला कि इस कॉम्प्लेक्स की चहारदीवारी दरअसल दोमंजिला है। पहली मंजिल पर आमने-सामने दुकानें हैं और बीच में कोई पचास फुट चौड़ा सड़क जैसा रास्ता है। इन दुकानों की इमारतों के साथ-साथ बनी कुछ और इमारते हैं। कहीं-कहीं इमारत तीन मंजिल की हैं और उनके चौड़े परकोटे हैं, खुले हुए बरामदेनुमा हॉल हैं। ईरानी साज-सज्जा मतलब रंगीन टायल्स लगाकर बेलबूटे बनाना तथा कुरान की आयतों के आधार पर कैलीग्राफी से यह पूरी इमारत सजी है। मैंने तीन तरफ बड़ी विशाल बाजार का चक्कर लगाया और मुख्य मस्जिद तक गया। जितना विशाल घेरा है उतनी बड़ी मस्जिद नहीं है और न उतनी प्रभावशाली है।

सफ़वी साम्राज्य की एक और पहचान चालीस खम्भोंवाली इमारत

भी है। एक बाग के अन्दर बनी यह इमारत सम्राट ने विशेष आयोजनों के लिए बनवाई थी। मुख्य द्वार से अन्दर जाएँ, सामने इमारत नज़र आती है। यह चालीस लकड़ी के खम्भों पर खड़ा एक विशाल बरामदा है जिसकी छत पर चित्रकारी की गई है। विशाल बरामदे के पीछे बड़े-बड़े हॉल और कमरे हैं। जिनकी दीवारों पर शाह अब्बास सफ़वी के युग के महत्त्वपूर्ण युद्धों तथा अन्य महत्त्वपूर्ण घटनाओं के चित्र उकेरे गए हैं। इन्हें देखना बहुत रोचक है क्योंकि यह जीता-जागता इतिहास है, वास्तविक पात्र है, ऐतिहासिक घटनाएँ हैं। सामन्तों के साथ गायक, नर्तकियाँ, वाद्य बजानेवाले और नौकर-चाकर सभी का चित्रण किया गया है। यहीं मैंने एक चित्र में मुगल सम्राट हुमायूँ को भी देखा। चेहेल सुतून देखने के बाद दो संग्रहालय देखे और शाम होते-होते मैं अपनी प्रिय जगह यानी सड़क पर पहुँच गया।

पुराने इस्फ़हान की सड़कें सीधी हैं। जाने और आने के लिए सड़क का विभाजन बीच में पार्क बनाकर किया गया है। दुकानें सामने फुटपाथ पर हैं जहाँ हरे-भरे पेड़ों का सिलसिला दुकानों के साथ-साथ जारी रहता है। चौराहों पर पार्क हैं। आमतौर पर खूबसूरत हैं। लोगों के बैठने के लिए अच्छा इन्तजाम है। मैं एक मुख्य सड़क पर टहलने लगा। रात घिर आई थी। सड़कों पर कारों की संख्या बढ़ गई थी। चहल-पहल ज्यादा थी। एक दुकान से कुछ खाना खरीदा और पार्क में बैठकर खा लिया।

होटल के कमरे में आया तो देखा पाँच खाली बेडों में से तीन पर दो जापानी और एक यूरोपीय पर्यटक जमे हुए हैं। दो बेड अब भी खाली थे। मैं सोने की तैयारी कर ही रहा था कि एक जापानी लड़का और एक लड़की कमरे में आ गए। मुझे पक्का यक़ीन था कि पुरुषों की 'डारमेट्री' में लड़कियाँ नहीं रह सकतीं। सोचा यह लड़की अलग किसी लेडीज डारमेट्री में रहेगी और यहाँ अपने मित्र के साथ किसी काम से आ गई होगी; चली जाएगी। पर जल्दी ही समझ में आ गया कि लड़की यहीं इसी कमरे में यानी पाँच पुरुषों के साथ रहेगी। लड़की ने एक बेड पर अपना स्लीपिंग बैग फैला दिया था। कपड़े ठीक कर रही थी। छोटी-सी सफ़री घड़ी निकालकर अपनी मेज़ पर रख दी थी। यह सोचकर कुछ अजीब और नया-सा लगा कि ईरानी जैसे कट्टर

इस्लामी समाज में यह कैसे सम्भव है। पर पैसा जो न कराए वह कम है।

रात में एक मद्धिम सी बत्ती जल रही थी लेकिन उसकी रौशनी में, जब आँख खुलती थी तो बिस्तर पर लेटी लड़की नज़र आ जाती थी। उसके काले बाल कभी फैले हुए नज़र आते थे, कभी उसका सफेद हाथ निकला हुआ दिखाई देता था, कभी गुड़मुड़ाई सी दिखाई पड़ती थी और कभी अपने एक हाथ को तकिया बनाए नज़र आती थी। धीरे-धीरे थकान और रात के सन्नाटे ने अपना काम दिखाया और कमरे में साँसों की आवाज़ के अलावा सब कुछ शान्त हो गया। यह सोचते हुए सो गया कि यह घटना अगर पच्चीस-तीस साल पहले घटी होती जो जरूर परेशानी होती।

सुबह आँख जल्दी खुल गई। तैयार होकर बाहर निकल आया। सोचा कहीं चाय पी जाए। दुकानें बन्द थीं। अचानक एक रेस्तराँनुमा दुकान खुली नज़र आई। अन्दर दो आदमी बैठे थे। शायद यह चाय की दुकान नहीं बल्कि रोटी की दुकान थी। पर सोचा चलो पूछ लेते हैं। चाय मिल जाए तो अच्छी ही है। दरवाजे पर खड़े होकर पूछा तो एक आदमी ने मना कर दिया। मैं जाने ही वाला था कि दोनों ने इशारा करके मुझे अन्दर बुला लिया। उन्हें शायद यह जानने में रुचि हो गई थी कि मैं कौन हूँ। कहाँ से आया हूँ?

रोटी की दुकान में बैठे ये दोनों लोग बावर्ची किस्म के लग रहे थे। उनके सामने चाय चढ़ी हुई थी। एक ने चाय निकालकर मुझे दी और शक्कर के टुकड़ों की तरफ इशारा कर दिया। कुछ टूटी-फूटी बात होने लगी। मैंने अपनी पुस्तिका दी। उसमें परिचय पढ़कर दोनों खुश हुए और फिर कहानियाँ पढ़ने लगे। इस पुस्तिका की कहानियों में से एक की 'पंच लाइन' है कि आज 'आदमी बन्दर है और बन्दर आदमी है।' यह कहानी पढ़कर एक बावर्ची काफी नाराज़ हो गया। उसने काफी कड़ी आवाज़ में मुझसे पूछा कि क्या वह मुझे बन्दर दिखाई पड़ता है? मैं सवाल थोड़ा-थोड़ा समझ पाया। उसने फिर कुछ और ज्यादा गुस्से में पूछा कि क्या मैं उसे बन्दर समझता हूँ? अब मैं सब कुछ समझ गया। डारविन का सिद्धान्त और मनुष्य की उत्पत्ति के बारे में इस्लामी धारणा के अन्तर्गत वह नाराज़ हो रहा था। मैंने उससे कहा कि मैं उसे

बन्दर नहीं इंसान मानता हूँ। इस पर भी वह सन्तुष्ट न हुआ और बोला—'मेरे दो आँखें, नाक, कान हैं, मेरा चेहरा आदमी जैसा है। क्या मैं तुम्हें बन्दर लगता हूँ?'

मैंने उससे माफी माँगी और कहा कि वह ठीक कहता है। तब वह बोला कि फिर मैंने यह क्यों लिखा कि आदमी बन्दर है और बन्दर आदमी है। फारसी भाषा में उसे यह समझाना मेरे लिए असम्भव था। मैंने फिर माफी माँगी और चाय के पैसे पूछे। उसने कहा कि पैसा नहीं लेगा। मैं जान बचाकर बाहर भागा और तय किया कि कहानियों की पुस्तिका देकर परिचय प्राप्त करने का काम मुसीबत में भी डाल सकता है।

नदियों पर सुन्दर पुल बनाना मध्यकाल में एक चुनौती था। इस्फ़हान अपने सुन्दर पुलों के लिए भी जाना जाता है। मैं पूछता-पाछता मारान पुल तक पहुँच गया। ज़्यानदेह नदी पर सोलहवीं शताब्दी का पुल स्थापत्यकला का बेमिसाल नमूना है। छोटे-छोटे दर बनाकर इस पुल को जोड़ा गया। ट्रैफिक के लिए बन्द इस पुल पर बस पैदल चला जा सकता है।

मारान पुल पार करके शहर के दूसरे हिस्से में आ गया जो एक प्रकार से आधुनिक शहर है। नदी के किनारे बने विशाल पार्क में घूमते हुए देखा कि एक पर्यटक अपने स्लीपिंग बैग में पेड़ के नीचे सो रहा है। यह देखकर मजा आया। इसलिए कि जब दो डॉलर में मैं रात बिता रहा था तो सोच रहा था कि यार बड़े सस्ते में रात काट दी। लेकिन सुबह तड़के अमीर कबीर होटल के 'कोर्ट यार्ड' देखा था कि साइकिल सवार पर्यटकों की साइकिलें कोर्ट यार्ड (आँगन) में खड़ी थीं और वे खुले आसमान के नीचे अपने स्लीपिंग बैगों में सो रहे हैं। मैंने सोचा था कि इन लोगों ने मुझसे भी कम पैसे में रात बिताई होगी। यहाँ पार्क में एक पर्यटक को पेड़ के नीचे सोता देखा तो यह सोचकर हँसी आई कि इस पट्ठे ने बिना पैसा खर्च किए ही रात बिता दी। याद आया किसी पर्यटक ने लिखा है कि घूमने के लिए पैसा नहीं बल्कि इच्छाशक्ति चाहिए।

इस्फ़हान की सड़कों पर ही मेरी मुलाकात हिन्दी सिनेमा जगत के सितारों से हुई थी। पोस्टर बेचनेवाली एक दुकान पर शाहरुख खान,

ऐश्वर्या राय, सेनी देओल और पता नहीं जाने कितने हिन्दी फिल्मों के अभिनेताओं के पोस्टर बिक रहे थे। इसके साथ-साथ कृष्ण भगवान की बाल लीला से सम्बन्धित चित्र भी लगे थे। ये तय है कि हिन्दी फिल्मों ने ईरान की बाजार पर कब्जा किया हुआ है। नाइट सर्विस बसों में हिन्दी फिल्में चलती हैं। हर शहर में हिन्दी फिल्मों की सी.डी. मिल जाती हैं। हर फारसी फिल्मी पत्रिका में बॉलीवुड की खबरें, तस्वीरें छपती हैं। लोग हिन्दी फिल्मों से न सिर्फ पूरी तरह परिचित हैं बल्कि पसन्द करते हैं। इस्फ़हान की सड़क पर हिन्दी फिल्मों के अभिनेताओं की तस्वीर बेचनेवाले से बातचीत की कोशिश करता रहा। उसकी तस्वीर खींची और उसका पता लिया। वापस होटल आया तो होटल के मालिक ने कहा कि उनकी पत्नी हिन्दी फिल्मों की रसिया है और क्या यह नहीं हो सकता कि वे भारत से हिन्दी फिल्मों की सी.डी. मँगा सकें।

हिन्दी फिल्मों की लोकप्रियता के कई कारण हैं। पहला तो यह कि भारतीय सामाजिक मूल्य और ईरानी सामाजिक मूल्यों में बड़ी समानता है। परिवार का जो महत्त्व हमारे समाज में है, बड़ों की इज्जत करने की परिपाटी जो यहाँ है, विवाह की जो जटिलताएँ यहाँ हैं वे सब ईरानी समाज में भी हैं और इस पर आधारित कथानक उन्हें पसन्द आते हैं। हॉलीवुड उन्हें दूर लगता है बॉलीवुड करीब लगता है। अपनी पूरी यात्रा के दौरान मुझे लगातार ऐसे लोग मिलते रहे जिन्होंने भारत का नाम आते ही हिन्दी फिल्मों के किसी ऐक्टर का नाम लिया या किसी फिल्म का उल्लेख किया। इस्फ़हान की सड़क पर ही मुझे एक दिलचस्प फिल्मी पत्रिका 'समीन' मिली जो पूरी 'बॉलीवुड' सिनेमा को समर्पित पत्रिका है। इस पत्रिका में हिन्दी फिल्मों के समाचारों के अलावा हिन्दी-फारसी फिल्मी शब्दावली का छोटा शब्दकोश छापा गया था। ईरानियों को यह बताया गया था कि हिन्दी फिल्में फारसी में डब किए बिना भी देखी जा सकती हैं क्योंकि हिन्दी समझना बहुत सरल है। पत्रिका देखकर आश्चर्य हुआ और सोचा कि हिन्दी प्रचार के इस स्वरूप के बारे में हमारे यहाँ कितने लोग जानते हैं? और हम ईरानियों की हिन्दी में रुचि के लिए क्या कर रहे हैं? 'समीन' में हिन्दी फिल्मों के गीतों का मूल पाठ और उसका अनुवाद छापा गया था ताकि ईरानी

दर्शक गाने भी समझ सकें। 'समीन' के अलावा फारसी भाषा की कोई ऐसी फिल्मी पत्रिका या अख़बार नहीं देखा जिसमें हिन्दी फिल्मों पर समाचार और अभिनेताओं के चित्र न हों। मुख्य पृष्ठ पर छह कॉलम में शाहरुख खान के चित्र देखकर लगा कि वहाँ कम से कम हमारे फिल्म उद्योग ने तो अपनी उपस्थिति बनाई हुई है।

दुःख की बात यह है कि ईरान में हिन्दी फिल्मों का पूरा व्यापार गैरकानूनी है और हिन्दी सिनेमा जगत को उससे एक पैसे का लाभ नहीं होता। करोड़ों रुपये की सी.डी. दुबई की ब्लैक मार्केट से ईरान आ जाती हैं और घर-घर पहुँच जाती हैं। फिल्मों के निर्माता कुछ नहीं कर सकते क्योंकि यह भारत सरकार के अधिकार क्षेत्र का मामला है। इस बारे में तेहरान के भारतीय राजदूतावास के एक अधिकारी से बात हुई तो उन्होंने बताया कि ईरान ने कापी राइट सम्बन्धी किसी अन्तर्राष्ट्रीय गठबंधन पर हस्ताक्षर नहीं किए हैं इस कारण कापी राइट का मसला ही नहीं उठाया जा सकता। अब सोचने की बात यह है कि भारत और ईरान के राजनयिक सम्बन्ध तो ठीक ही हैं। इस सम्बन्ध में क्या कोई द्विपक्षीय समझौता हो सकता है? अगर यह हो जाता है तो ईरान की बाजार भारतीय फिल्म जगत के लिए खुल जाएगी। इसके अलावा यह भी सोचनेवाली बात है कि ईरानी जनता की हिन्दी फिल्मों में गहरी रुचि के मद्देनज़र क्या हम कुछ ऐसी नीतियाँ और कार्यक्रम बना सकते हैं जिसका दोनों देशों को लाभ हो? उदाहरण के लिए तेहरान या ईरान के अन्य शहरों में हिन्दी फिल्म समारोह आयोजित किए जा सकते हैं। हिन्दी फिल्मों को फारसी में डब करने का काम किया जा सकता है और भी इस तरह की तमाम योजनाएँ सम्भव हैं।

रेत पर शहर

ईरान पर अरबों की विजय (सातवीं शताब्दी) के बाद अग्निपूजकों को दूर दराज के इलाक़ों में भागना पड़ा था। जिन्होंने इस्लाम धर्म स्वीकार नहीं किया था उन्हें देश के मुख्य भाग से खदेड़ दिया गया था। अग्निपूजक दक्षिण पूर्व के रेगिस्तान दस्ते-लूत और दश्ते-कावीर की तरफ चले गए थे। ये रेगिस्तानी इलाके तेहरान से दूर थे लेकिन बहुत अंजान और कटे हुए भी न थे। तेरहवीं शताब्दी में मार्कोपोलो ने यज़्द शहर की प्रशंसा की थी। यज़्द आज भी प्रशंसनीय है। शहर का अपना अलग चरित्र है जो मुख्यधारा के ईरानी शहरों से भिन्न है। यज़्द में आज भी अग्निपूजक रहते हैं और उनके मन्दिर हैं। इस्लामी गणराज्य में अग्निपूजकों की स्थिति बहुत अच्छी नहीं है लेकिन इस इलाके में धार्मिक सहिष्णुता और सह-अस्तित्व दिखाई पड़ता है। यज़्द साढे चार-पाँच लाख की आबादी का ही शहर है लेकिन प्रमुख व्यापार मार्ग पर स्थित होने तथा अपने रेशम और हथकरघों के कारण विख्यात है। मध्यकाल में ईरान से भारत आने का रास्ता भी यज़्द से गुज़रता था।

रात में करीब आठ बजे मैं यज़्द पहुँचा था और कुछ थोड़े से महँगे मुसाफिरख़ाने में जगह मिली थी। पहली ही नज़र में शहर की सादगी और स्थापत्य ने मोह लिया था। सुबह शहर देखना शुरू किया। एक मंज़िला बाजार, बराबर से बनी दुकानें, फुटपाथ पर पेड़, इमारत की सीधा सरल स्थापत्य कला और ईरान के अन्य शहरों की तरह टाइल्स का काम नहीं बल्कि ईंटों को आगे-पीछे रखकर जुड़ाई करने से बनाए सुरुचिपूर्ण 'पैटर्न' दिखाई पड़े। चौराहों पर बनी दुकानों के सामने पतले बरामदे, गोल दर, पतले खम्भे और चौराहों की गोलाकार बनावट बहुत

अच्छी लगी। चौराहों पर बने गोल पार्कों के साथ चौराहे की गोलाकार दुकानें अच्छा तारतम्य स्थापित करती लगीं।

यज़्द की स्थापत्य कला में 'विण्ड टावर' यानी हवा मीनार का अपना अलग महत्त्व हे। पूरे शहर को इन कलात्म्क हवा मीनारों ने कुछ जादुई रंग दे डाला है। हवामीनार घरों के ऊपर बनाए जाते हैं। इनकी ऊँचाई दस-बारह फुट होती है और चौड़ाई चार बाई चार होती होगी। इनमें हवा जाने के लिए रास्ता छोड़ा जाता है। तपते हुए मौसम में गर्म हवा इन मीनारों के अन्दर जाती है और दीवारों के बीच घूमकर ठंडी हो जाती है। इसका प्रभाव कमरों के तापमान पर पड़ता है। यह प्राचीन 'एयरकंडीशनिंग' का सिस्टम यज़्द में आज भी काम करता है। हवामीनारों को कलात्मक बनाने की होड़ भी दिखाई पड़ती है लेकिन निश्चित रूप से इनकी उपयोगिता ही इनका महत्त्व है।

मुख्य सड़क से निकलनेवाली गलियाँ इतनी सुन्दर हैं कि उनमें जाने से अपने आपको रोक पाना असम्भव-सा है। सीधी, साफ गलियाँ और मिट्टी के साफ-सुथरे मकान अपने प्राकृतिक रंग-रूप के कारण आकर्षित करते हैं। इसके अलावा मिट्टी के घरों का स्थापत्य हमारे यहाँ जैसा ही है। फर्क इतना है कि पक्की ईंटों और मिट्टी को ये लोग मिला देते हैं और छतों का आकार भी अलग होता है।

घूमता-घामता, शहर को देखता यज़्द की जामा मस्जिद तक पहुँच गया। पुराने शहर की यह सबसे बड़ी इमारत है और अन्य मस्जिदों से बिल्कुल नहीं तो काफी अलग है। ऊँचे मुख्य द्वार के ऊपर पतली और ऊँची-ऊँची दो मीनारें हैं। मुख्य द्वार के दाहिनी बाएँ उसी प्रकार के छोटे द्वार हैं और मीनारें भी छोटी हैं। बारहवीं शताब्दी में बनी यह मस्जिद आज भी ईरान की श्रेष्ठ इमारतों में गिनी जाती हैं।

यज़्द अग्निपूजक या ज़ोराशट्रियन धर्म का भी केन्द्र है। ईसा से साढ़े पाँच सौ साल पहले अफगानिस्तान के मज़ार शरीफ इलाके में जोराशटर या जारतोश्त का जन्म हुआ था जो इस धर्म के प्रवर्तक माने जाते हैं। ईरान में इस्लाम आने से पहले यही धर्म रायज था। हम कह सकते हैं कि आज भी ईरान के समाज पर इस धर्म का पर्याप्त प्रभाव है।

आमतौर पर जाने-माने मुस्लिम विरोधी लेखक इस बात पर बल देते हैं कि मुसलमान या इस्लाम अपने पूर्ववर्ती धर्मों से पूरा रिश्ता-नाता

तोड़ लेता है। ईरान के सन्दर्भ में ऐसा नहीं है। ईरान का सबसे बड़ा त्यौहार नवरोज़ या नवरुज इस्लामी नहीं बल्कि जोराशट्रियन त्यौहार है। मैं ईरान में कई बुद्धिजीवियों से मिला जो इस्लाम पूर्व गाथाओं पर काम करते हैं। कई प्रसिद्ध नाटककार इस्लामपूर्व कथाओं को अपने नाटकों का आधार बनाते हैं। अभी हाल में ही ईरान के लेखक का मेरे पास ई-मेल आया था जिसमें बकरीद के त्यौहार पर शुभकामनाएँ देने के साथ किसी ज़ोराशट्रियन त्यौहार का उल्लेख करते हुए उस पर भी बधाई दी गई थी। इस तरह यह धर्म आज भी ईरान की एक धड़कन बना हुआ है।

अदृश्य एकईश्वरवाद का विश्वास करनेवाले इस धर्म के ग्रंथ 'अवेस्ता' में 'द्वंद्वात्मकता'—सत्य और असत्य के अनवरत संघर्ष को रेखांकित किया गया है। यह धर्म मानता है कि सद्बुद्धि और कुबुद्धि दिन और रात, जीवन और मृत्यु का आधार हैं। यह परस्पर विरोधी स्वरूप सबसे बड़े देवता असुर यज़्द में हैं और यही हर जीवित प्राणी में भी है। ज़ोराशट्रियन तत्त्व की शुद्धता में भी विश्वास करते हैं। यही कारण है कि अपने मुर्दों द्वारा पृथ्वी, जल और वायुमंडल को दूषित नहीं करते बल्कि वे मुर्दों को किसी खुली सुनसान जगह रख देते हैं जिसे 'टावर का साइलेन्स' कहा जाता है। वहाँ गिद्ध मुर्दों को खा लेते हैं और किसी तरह की अशुद्धता नहीं होती। मैं इस धर्म के बारे में अधिक नहीं जानता पर एक जानकारी देना रोचक है। ज़ोराशट्रियन भी जनेऊ धारण करते हैं। यह जानकारी मुझे ईरान में नहीं बल्कि दिल्ली में मिली थी जब एक पारसी मित्र ने अपना जनेऊ दिखाया था।

यज़्द का 'आतिशगाह' मतलब अग्नि मन्दिर संसार के प्रसिद्ध मन्दिरों में है जिसके दर्शन करने पूरी दुनिया से पारसी जाते हैं। यहाँ जो आग जल रही है उसका इतिहास भी रोचक है। कहा जाता है कि यह अग्नि 470 ई. से जल रही है। इसे मुख्य हॉल की खिड़कियों से जलता हुआ देखा जा सकता है। यह विश्वास है कि यह अग्नि अपने मूल स्थान से 1174 ई. में अरदकान गई थी और उसके बाद 1474 ई. में यह यज़्द लाई गई थी। इस तरह इसका इतिहास बहुत प्राचीन है। शुद्धता पर विश्वास करनेवाला धर्म अग्नि को शुद्धीकरण का एक सर्वोत्तम साधन मानता है और इसकी पूजा करता है।

फिर धर्म और कविता की ओर

यज़्द से मशहद हज़ार किलोमीटर होगा। मैं शाम चार बजे के करीब यज़्द से चला था और अगले दिन सुबह मशहद पहुँचा था। अग्निपूजकों के शहर से इस्लामी शहर आ गया। मशहद में आठवें इमाम हजरत रज़ा का मक़बरा है। खलीफ़ा मामून ने 203 हिजरी में जहर देकर हजरत रज़ा की हत्या कर दी थी। उनके यहाँ दफ्न किए जाने के कारण यह शहर सनाबाद से मशहद (शहादत की जगह) कहा जाने लगा था। आज यह पूरी दुनिया के शिआ मुसलमानों का बहुत पवित्र तीर्थ स्थान है।

होटल से मैंने प्रो. रज़मी को फोन किया जो मशहद यूनिवर्सिटी में अर्थशास्त्र पढ़ाते हैं। अगले दिन वे मुझसे मिलने आए। साथ में उनका जवान बेटा था जो कम्प्यूटर इंजीनियरिंग कर रहा है। उसके हाथ में तस्बीह (माला) थी जिस पर वह लगातार दुआएँ पढ़ रहा था। मुझे यह देखकर कुछ अजीब-सा लगा। धर्म के प्रति इतना लगाव तो बुढ़ापे में पैदा होता है।

बातचीत के दौरान प्रो. रज़मी ने पूछा कि मैं उनकी क्या मदद चाहता हूँ। मैंने बताया कि यहाँ मुझे दो चीज़ें देखनी हैं, पहली फिरदौसी का मक़बरा देखना चाहता हूँ जो तूस में है और दूसरे ख़ाफ़ जाना चाहता हूँ। उन्होंने वायदा किया कि मेरी मदद करेंगे। होटल का कमरा देखकर वे बोले कि यह अच्छा कमरा नहीं है। अगर मैं चाहूँ तो किसी ऐसे होटल में कमरा मिल सकता है जहाँ टी.वी. वगैरा भी हो। मैंने मना किया और कहा कि मेरे बजट के हिसाब से यह कमरा बहुत ठीक है।

दस-पन्द्रह मिनट की औपचारिक बातचीत के बाद वे मुझे अपने साथ इयाम रज़ा के रौज़े की ज़्यारत कराने ले गए। लेकिन हम लोग अन्दर नहीं गए क्योंकि उनके पास समय कम था। बाहर से देखने के बाद मेरी वही प्रतिक्रिया थी जो क़ुम में मासूमा का रौज़ा देखकर हुई थी। बहुत शानदार, भव्य, प्रभावशाली, सम्पन्न और चमकता हुआ। प्रो. रज़मी के चले जाने के बाद मैं वैसे ही सड़कों पर आवारगी के लिए निकल पड़ा। बहुत सम्पन्न शहर लगा। बड़ी-बड़ी दुकानें; सोना, हीरे, जवाहरात वगैरा की बेहिसाब जगमगाती दुकानें। आधुनिक से आधुनिक उपकरण बिकते दिखाई पड़ते। महँगे, कीमती और नए फैशन के सामान से दुकानें पटी पड़ी थीं। मशहद शहर में मोबाइल फोन की जितनी दुकानें हैं उतनी शायद मैंने कहीं नहीं देखीं। कितने लोगों को इस शहर में मोबाइल फोन चाहिए?

इमाम रज़ा के रौज़े के दाहिनी तरफ कुछ खाने-पीने के होटल नज़र आए। वहाँ जाकर कबाब खाए। शायद पूरे ईरान में एक से कबाब बनते हैं। मसालों में कोई फर्क नहीं है। जबकि हमारे यहाँ हर तीन सौ किलोमीटर पर कबाबों में फर्क आ जाता है। दिल्ली के कबाब और लखनऊ के कबाब तो अलग हैं ही, संभल और रामपुर के कबाबों में भी फर्क देखा जा सकता है।

कबाब और रोटी खाने के बाद मैं उस इलाके में टहलने लगा। दिल्ली में बस्ती निज़ामुद्दीन जैसा लगा, पर वैसा गंदा नहीं है। हाँ ये जरूर लगा कि कुछ कम माली हैसियत के लोगों का इलाक़ा है। तीन-चार किलोमीटर का चक्कर लगाकर होटल आ गया।

कवि का कर्ज़

मशहद से कोई 30-35 किलोमीटर तूस नाम का पुराना गाँव है जो कभी बड़ा केन्द्र रहा होगा। यहाँ फारसी के विश्व-प्रसिद्ध कवि फिरदौसी (940-1020 ई.) का मक़बरा है। प्रो. रज़मी एक दिन मुझे लेकर वहाँ गए। ईरानी अपने कवियों का सम्मान करते हैं। हमारे यहाँ जैसी स्थिति नहीं है।

फिरदौसी का पूरा नाम हकीम अबुल कासिम फिरदौसी है। ये तूस में ही पैदा हुए थे। उनका महाकाव्य 'शाहनामा' है जिसे लिखने में उन्होंने अपनी पूरी उम्र लगा दी थी। 'शाहनामा' खुरासान के शहज़ादे समानीद के लिए लिखा गया था। यह वह ज़माना था जब सातवीं शताब्दी में अरबों की ईरान पर विजय के बाद फारसी भाषा और संस्कृति पर अरब प्रभुत्व दिखाई पड़ने लगा था। फिरदौसी के जीवनकाल में ही उनके संरक्षक शहजादे समानीद को सुल्तान महमूद गज़नवी ने हरा दिया था और खुरासान का शासक बन गया था। महमूद गज़नवी और फिरदौसी को लेकर कुछ रोचक कहानियाँ हैं जिनमें पता नहीं इतिहास कितना है और कल्पना कितनी है।

कहा जाता है कि महमूद गज़नवी ने फिरदौसी को यह वचन दिया था कि वह 'शाहनामा' के हर शब्द के लिए एक दीनार देगा। वर्षों की मेहनत के बाद जब 'शाहनामा' तैयार हो गया और फिरदौसी उसे लेकर महमूद गज़नवी के दरबार में गया तो सम्राट ने उसे प्रत्येक शब्द पर एक दीनार नहीं बल्कि एक दिरहम का भुगतान करा दिया। कहा जाता है कि इस पर नाराज़ होकर फिरदौसी लौट गए और दिरहम भी नहीं लिया। यह वायदा ख़िलाफ़ी कुछ ऐसी थी जैसे किसी कवि से एक

रुपए प्रति शब्द देने का वचन देकर एक पैसा प्रति शब्द दिया जाए।

कहते हैं फिरदौसी ने ग़ुस्से में महमूद गज़नवी के ख़िलाफ़ कुछ पंक्तियाँ लिखीं। वे पंक्तियाँ इतनी प्रभावशाली थीं कि जल्दी ही पूरे साम्राज्य में फैल गईं। कुछ साल बाद महमूद गज़नवी से उसके विश्वासपात्र मंत्रियों ने निवेदन किया कि फिरदौसी को उसी दर पर भुगतान कर दिया जाए जो तय की गई थी। सम्राट के कारण पूछने पर प्रधानमंत्री ने कहा कि हम लोग साम्राज्य के जिस कोने में जाते हैं, हमें वे पंक्तियाँ सुनने को मिलती हैं जो फिरदौसी ने आपके विरुद्ध लिखी हैं और हमारा सिर शर्म से झुक जाता है। उसे निर्धारित दर पर पैसा दे दिया जाएगा तो हमें बड़ा नैतिक बल मिलेगा। सम्राट ने आदेश दे दिया।

दीनारों से भरी गाड़ी जब फिरदौसी के घर पहुँची तो घर के अन्दर से फिरदौसी का जनाज़ा निकल रहा था। पूरी उम्र गरीबी, तंगी और मुफलिसी में काटने के बाद फिरदौसी मर चुका था। कहते हैं कि फिरदौसी की एकमात्र संतान उनकी लड़की ने भी दीनार लेने से इनकार कर दिया था। इस तरह सम्राट गज़नवी फिरदौसी का कर्ज़दार रहा और आज भी है। शायद यही वजह है कि आज फिरदौसी का शाहनामा जितना प्रसिद्ध है उतनी ही या उससे ज्यादा प्रसिद्ध वे पंक्तियाँ हैं जो फिरदौसी ने महमूद गज़नवी की आलोचना करते हुए लिखी थीं।

फिरदौसी का 'शाहनामा' दरअसल ईरान का इतिहास ही नहीं ईरानी अस्मिता की दास्तान है। उसमें प्राचीन ईरान की उपलब्धियों का बखान है। सम्राटों का इतिहास है। प्राचीन फारसी ग्रंथों को नया रूप देकर उसमें शामिल किया। मिथक और इतिहास के सम्मिश्रण से एक अद्‌भुत प्रभाव उत्पन्न हुआ है। प्रेम, विद्रोह, वीरता, दुष्टता, मानवीयता, युद्ध साहस आदि के ऐसे उत्कृष्ट उदाहरण हैं जिन्होंने 'शाहनामा' के ईरानी साहित्य की अमर कृति बना दिया है। ईरानी साहित्य में 'शाहनामा' जितनी तरह से जितनी बार छपा है उतनी और कोई पुस्तक नहीं छपी है। फिरदौसी ने रुस्तम और सोहराब जैसे पात्र निर्मित किए हैं जो मानव-स्मृति का हिस्सा बन चुके हैं।

कहा जाता है कि आज जहाँ फिरदौसी का मक़बरा है वह वास्तव

में वही स्थान नहीं है जहाँ उनकी कब्र थी। कई बार ज़माने के उलटने-पलटने, राजनीतिक हालात बदलने और सत्ता में आए परिवर्तनों के कारण फिरदौसी का मक़बरा इधर-उधर होता रहा या कभी-कभी अदृश्य भी हो गया। लेकिन 'शाहनामा' और फारसी अस्मिता के सबसे सशक्त हस्ताक्षर जनमानस में सुरक्षित रहे और उनके गाँव में उनका मक़बरा बनाया गया।

जैसा कि ईरानियों ने अपने बड़े कवियों के साथ किया है, फिरदौसी के मक़बरे के चारों ओर सुन्दर बाग हैं। इधर-उधर उनकी प्रतिमाएँ लगी हैं। संगमरमर पर उनकी कविता के विशेष प्रसंगों को उकेरा गया है। उनके पात्र 'ऐक्शन' में चित्रित हुए हैं। उनके शेर पत्थरों पर लिखकर लगाए गए। पास ही फिरदौसी संग्रहालय है। फिरदौसी शोध संस्थान है। फिरदौसी से मुलाकात एक नई ताक़त का संचार करती है।

हुक्मे नादिरशाही

नादिरशाह (1688-1747) भारत में एक निर्दयी, अत्याचारी, लुटेरा और लोभी व्यक्ति माना जाता है। था भी वह ऐसा ही। मशहद में नादिरशाह का मक़बरा है जहाँ पर्यटक प्रायः जाते हैं। प्रो. रज़मी ने मुझसे पूछा था कि क्या मैं नादिरशाह का मक़बरा देखने जाऊँगा? क्योंकि बहुत से हिन्दुस्तानी नादिरशाह के मक़बरे नहीं जाते। वहाँ न जाने की वजह मेरी समझ में नहीं आई।

मशहद की एक मुख्य सड़क पर पार्क के अन्दर नादिरशाह का मक़बरा है। नादिरशाह की बड़ी-सी प्रतिमा लगी है जिसमें वह घोड़े पर सवार है और हाथ में तलवार लिए है। घोड़ा अपने अगले पैर हवा में उठाए हुए है। मतलब प्रतिमा युद्धरत नादिरशाह की है। गेट पर टिकट लेकर मैं अन्दर आ गया। सामने पिक्चर पोस्ट कार्ड और किताबों की दुकान थी। एक किताब का नाम देखकर ठिठक गया—'नादिरशाह : फातेह देहली', यानी 'नादिरशाह : दिल्ली विजेता', पढ़कर अच्छा नहीं लगा क्योंकि नादिरशाह ने दिल्ली जीती नहीं थी। वह भी नहीं किया था जो विजेता करते हैं। विजेताओं की गरिमा प्रतिष्ठिता और मानवीयता भी नहीं थी नादिरशाह के अन्दर। उसके बाद भी उसे विजेता कहा जा रहा है।

विजेता तो बाबर को कह सकते हैं जिसने रणक्षेत्र में अपने शत्रु इब्राहीम लोदी की लाश से कहा था कि मैं तुम्हारा सम्मान करता हूँ कि तुम रणक्षेत्र में मारे गए। बाबर ने इब्राहीम लोदी की माँ और उसके परिवार के साथ विजेताओं वाला व्यवहार किया था। विजेता तो सिकन्दर महान को कहा जाता है जिसने अपने प्रतिद्वंद्वी पोरस के एक

वाक्य से प्रसन्न होकर उसे राज्य वापस कर दिया था।

पता नहीं ऐसा समय कब आएगा जब देशों के नहीं मानवता के नायक होंगे? लंदन में हैवलॉक (1857 में ईस्ट इंडिया कम्पनी का जनरल) की बड़ी-सी प्रतिमा लगी है तथा उसके परिचय के साथ प्रशस्तियाँ लिखी गई हैं। यह वही जनरल हैवलॉक था जिसने पहले भारतीय स्वतन्त्रता संग्राम में हज़ारों बेगुनाहों को फाँसी पर लटका दिया था। जिसने कस्बों और शहरों में चारों ओर से आग लगवा दी थी ताकि अन्दर जो भी है सब भस्म हो जाए। इस हैवलॉक को विजेता कौन मानेगा?

नादिरशाह ने दिल्ली पर जब आक्रमण (1738-39) किया तो उससे पहले ही मुगल साम्राज्य चरमराकर टूट चुका था। गद्दी पर मुहम्मद शाह आलम रंगीले की हुकूमत थी जिसके बारे में मसल मशहूर थी कि 'हुकूमते -शाह आलम अज़ दिल्ली ता पालम' मतलब शाह आलम का साम्राज्य दिल्ली से पालम तक है। मुगल दरबार में सरदारों के आपसी मतभेद और रंगीले सम्राट की निष्क्रियता के कारण मुगल सेना 13 फरवरी 1739 को पानीपत के मैदान में बुरी तरह पराजित हो गई। अवध के सूबेदार और सेनापति नवाब सआदत अली खाँ ने नादिरशाह के सामने आत्म समर्पण कर दिया। अब मुगल सम्राट अपने 'मेहमान' के 'स्वागत' की तैयारी करने लगा।

9 मार्च 1739 को जामा मस्जिद दिल्ली में नादिरशाह के नाम का 'खुतबा' पढ़ा गया। वह पूरे हिन्दुस्तान का सम्राट हो गया। पर इतना काफी नहीं था। नादिरशाह तो लुटेरा था। उसके जीवन की शुरुआत ही एक लुटेरे के रूप में हुई थी। लुटेरों को पद्-प्रतिष्ठा से क्या मतलब? नादिरशाह ने मुगल सम्राट से बीस करोड़ रुपए की माँग की और मुहम्मद शाह रंगीले ने यही बेहतर समझा कि खजाने की चाबियाँ ही नादिरशाह को थमा दे। ख़ज़ाना खाली था। तख़्ते ताऊस और कोहेनूर को अपने कब्जे में लेकर नादिरशाह ने मुगल सामन्तों पर करोड़ों रुपए में जुर्माने लगाने शुरू कर दिए। जिसने पैसा न दिया या न दे पाया उसे न केवल बेइज्जत किया गया बल्कि पिटाई तक कराई गई और जेल में डाला गया। एक सामन्त जुर्माने की रकम नहीं दे पाया तो नादिरशाह ने उसका कान काट लेने का आदेश दिया। कान कट जाने

के बाद सामन्त ने अपने को इतना अपमानित महसूस किया कि आत्महत्या कर ली।

एक दिन शहर में एक ख़बर उड़ी कि लाल किले में नादिरशाह की हत्या कर दी गई है। दिल्ली की जनता भड़क उठी और ईरानी सिपाहियों पर आक्रमण और उनकी हत्याएँ शुरू हो गईं। दूसरी रवायात यह है कि नादिरशाह के किसी सैनिक और दिल्ली के किसी कबूतर बेचनेवाले के बीच कहा-सुनी हो गई और परिणामस्वरूप नादिरशाह के सिपाही की हत्या कर दी गई। अपने सिपाहियों की हत्या की खबर सुनकर नादिरशाह घोड़े पर बैठकर चाँदनी चौक आया और कोतवाली के सामने अपनी म्यान से तलवार निकाल ली। यह कत्ले आम का आदेश था। सुबह नौ बजे से दोपहर दो बजे तक नादिरशाह नंगी तलवार लिए चाँदनी चौक में खड़ा रहा और इस बीच शहर के बीस हज़ार मर्द, औरत, बच्चे, बूढ़े कत्ल कर दिए गए। तब नादिरशाह की खून की प्यास बुझी।

इतिहास बताता है कि नादिरशाह को दिल्ली शहर बहुत पसन्द आया था और वह ईरान में दिल्ली जैसा शहर बनाना चाहता था। इसलिए उसने आदेश दिया था कि राजमिस्त्री, बढ़ई, लोहार और इमारत बनानेवाले दूसरे कारीगरों को गिरफ्तार कर लिया जाए। सोचने की बात यह है कि नादिरशाह के ज़माने में ईरान में एक से एक शानदार शहर जैसे इस्फ़हान, शीराज़ और तबरेज़ थे। तब वह दिल्ली जैसा शहर ईरान में क्यों बनाना चाहता था? क्या दिल्ली ईरान के उन शहरों से ज्यादा सुन्दर और अच्छा था। नादिरशाह के हमले से पहलेवाली दिल्ली के बारे में उर्दू के प्रसिद्ध शायर मीर तुर्की 'मीर' का एक शेर है—

कूचे न थे देहली के अवराक़े मुसव्विर थे
जो शक्ल नज़र आई तस्वीर नज़र आई

दिल्ली के गली कूचे, गली कूचे नहीं थे बल्कि कलाकार के चित्र थे। हर आदमी तस्वीर जैसा सुन्दर था। इस शेर को पढ़कर पहले मेरी यह राय बनी थी कि सबको अपना शहर, गाँव आदर्श लगता है। 'मीर' साहब को दिल्ली बहुत पसन्द थी तो इसके भावनात्मक कारण रहे होंगे। पर जब यह पढ़ा कि नादिरशाह ईरान में दिल्ली जैसा शहर

बनाना चाहता था तो लगा दिल्ली क्या रही होगी, इसकी केवल कल्पना ही की जा सकती है।

हिन्दुस्तान का शहंशाह बनने और अपने नाम का सिक्का चलवाने के बाद नादिरशाह लौट आया। वह अपने साथ तख़्ते ताऊस और कोहेनूर के साथ-साथ पन्द्रह करोड़ रुपए नकद और पन्द्रह करोड़ रुपए का सोना और चाँदी अपने साथ ले गया था। इसके अलावा दीगर कीमती सामान भी उसकी लूट में शामिल था। नादिरशाह के खजांची के अनुसार कुल लूट का अनुमान सत्तर करोड़ के आसपास आँका गया था। वह अपने पीछे वह उजाड़ दिल्ली, हज़ारों लोगों के शव, अपमानित परिवार और बेसहारा लोग, पराजित और खण्डित हिन्दुस्तान छोड़ गया था और दे गया था उर्दू कविता को एक नई शैली 'शहरे आशोब' जिसमें शहर की तबाही, लोगों की बर्बादी का मातम किया जाता था। 'मीर' ने लिखा, दिल्ली दिल्ली न रही, सबके रोजगार की सूरत बिगड़ गई। सिपाही ढाल और तलवार बेच रहे हैं और बनिए अपनी किस्मत को रो रहे हैं। अन्ततः अकाल ने आ दबोचा और 'मीर' ने लिखा—

खूब रु अब नहीं है गन्दुम गूँ
'मीर' हिन्दोस्तां में काल पड़ा

सुन्दर चेहरेवाले अब गेहुएँ रंग के नहीं रहे क्योंकि हिन्दोस्तान में अकाल पड़ गया है।

इस पूरी पृष्ठभूमि के साथ मैं नादिरशाह की कब्र को देख रहा था। हममें से बहुत कम जानते हैं कि हिन्दुस्तान लूटने के बाद नादिरशाह जब ईरान पहुँचा तो उसके साथ क्या हुआ? प्रारम्भ में विजय का उल्लास था। नादिरशाह ने लूट की खुशी में अपनी जनता से तीन साल तक कोई टैक्स नहीं लिया ताकि साधारण जनता भी उसकी लूट में भागीदार बन सके। लेकिन इसके बाद जो हुआ वही हर खून के प्यासे और इंसानियत के दुश्मन शासक के साथ होता आया है।

नादिरशाह को समझने के लिए उसके अतीत की कुछ झलकियाँ भी जरूरी हैं। नादिरशाह ने अपना 'कैरियर' एक डाकू और लुटेरे के रूप में शुरू किया था। यह भी बड़ा रोचक तथ्य है कि नादिरशाह ही नहीं बल्कि कुछ अन्य सामन्तों और सम्राटों का इतिहास भी लुटेरों के

रूप में समाने आता है। लूट या धन उन्हें सत्ता के निकट लाता है क्योंकि सत्ता से बड़ा डाकू कौन हो सकता है? तो धीरे-धीरे छोटे डाकू बड़े डाकू के साथ मिल जाते हैं, जहाँ लूट के साथ-साथ सम्मान भी मिलता है।

नादिरशाह ने 1726 में एक डाकू सरदार के तौर पर पाँच हज़ार की सेना जमा कर ली थी। तुर्कों के ख़िलाफ़ नादिरशाह ने स्वयं तुर्क होते हुए ईरान के बादशाह का साथ दिया था और इस तरह राज्य सत्ता तक पहुँचा था और उसे हड़प कर लिया था।

दिल्ली से लौटकर जब नादिरशाह ईरान गया तो उसके पुत्र रीज़ा कुली को यह झूठा समाचार मिला कि नादिरशाह की मृत्यु हो गई है। उसने ईरान की गद्दी के हकदार पुराने सफ़वी वंश के शासक तहमास्प को फाँसी दे दी ताकि राज्य सत्ता पर उसकी पकड़ मज़बूत हो जाए। लेकिन दरअसल नादिरशाह की मृत्यु नहीं हुई थी। कुछ लोगों ने यह भी प्रचार कराया कि नादिरशाह की हत्या के प्रयास उसका बेटा कर रहा है। इस पर नाराज़ होकर नादिरशाह ने अपने पुत्र रीज़ा कुली को अन्धा कर देने का आदेश दे दिया। नादिरशाह और पन्द्रह अन्य सरदारों के सामने जब रीज़ा कुली को अन्धा किया जा रहा था तो उसने नादिरशाह से कहा था—तुम मुझे नहीं, ईरान को अंधा कर रहे हो।" बाद में यह पता चला कि जिस आरोप में नादिरशाह ने अपने बेटे रीज़ा कुली को अंधा किया था, वह झूठा और गलत था। नादिरशाह अपने किए पर बहुत पछताया ही नहीं बल्कि उसे बेहद गुस्सा आया। इस गुस्से की आग में किसी को तो जलना था। नादिरशाह ने आदेश दिया कि उन सरदारों के सिर उड़ा दिए जाएँ जिन्होंने उसके बेटे रीज़ा कुली की आँखें फोड़ी जाते देखा है। नादिरशाह ने उन सरदारों की गलती यह ठहराई कि उनमें से किसी ने ये क्यों नहीं कहा कि रीज़ा कुली के बजाय उसकी आँखें फोड़ दी जाएँ।

अपने दरबार के सबसे प्रतिष्ठित सरदारों की हत्या कराने के बाद नादिरशाह का पागलपन और प्रतिशोध बढ़ने लगा। उसे हर आदमी दुश्मन दिखाई पड़ने लगा और उसने बड़े पैमाने पर लोगों की हत्याएँ कराईं। अव्यवस्था, असन्तोष, प्रतिहिंसा और अविश्वास की आँधी में

साम्राज्य डगमगाने लगा। अन्ततः सन् 1747 में नादिरशाह के अंगरक्षकों के दस्ते के प्रमुख ने नादिरशाह की हत्या कर दी।

कहते हैं संसार का सबसे बड़ा हीरा 'कोहेनूर' किसी को रास नहीं आता, किसी को फलता नहीं। कोहेनूर का स्वामी और 'तख़्ते ताऊस' का सम्राट नादिरशाह आठ साल के अन्दर-अन्दर 61 वर्ष की आयु में अपने सबसे बड़े विश्वासपात्र द्वारा कत्ल कर दिया गया। हिंसा, हिंसा को जन्म देती है।

मैं मक़बरा देखकर बाहर आया। यहीं संग्रहालय भी है। चायखाना भी है। मैं चाय पीने लगा और सोचने लगा कि आज भी नादिरशाहों का यही अनजाम होता है। नासिर काज़मी का शेर याद आया—

है यही ऐने वफ़ा दिल न किसी का दुखा
अपने भले के लिए सबका भला चाहिए

ख़ाफ़ में तोते

कोई दो महीने पहले तोतों का झुंड उतरा था तेहरान के मेहराबाद हवाई अड्डे पर और फिर अदृश्य हो गया था। एयरपोर्ट के सुरक्षाकर्मियों ने चैन की साँस ली थी कि तोतों के कारण किसी उड़ान में कोई खलल नहीं पड़ने पाया।

अदृश्य हो गए तोतों का झुंड नज़र तो नहीं आता लेकिन ईरान में उड़ रहा है किसी अमरूद के बाग की तलाश में। तोतों को ललगुदिया अमरूद पसन्द हैं। तोतों को विशाल तालाब के ऊपर से उड़ान भरना अच्छा लगता है। तोतों को जंगली जलेबी कुतरना और तपती दोपहरों में नीम के घने पेड़ों की छाया में बैठना अच्छा लगता है...तोते खोज रहे हैं यह सब ईरान में...।

मशहद में प्रोफेसर रज़मी से मैंने कहा कि मैं ख़ाफ़ जाना चाहता हूँ, तो वे चौंक गए। क्योंकि ख़ाफ़ मशहद से कोई तीन सौ किलोमीटर दूर अफगानिस्तान से कोई साढ़े तीन सौ किलोमीटर पर एक कस्बा है जहाँ ऐसा कुछ नहीं कि वहाँ कोई पर्यटक जाए।

"आप ख़ाफ़ क्यों जाना चाहते हैं?" उन्होंने पूछा था।

"जी, कहा जाता है हमारे पूर्वज सोलहवीं शताब्दी में हुमायूँ को सेना में ईरान से हिन्दुस्तान गए थे और वे ख़ाफ़ के रहने वाले थे।" मैंने डरते और शर्माते हुए कहा क्योंकि अपनी सूचनाओं पर मुझे स्वयं पक्का विश्वास नहीं था। प्रो. रज़मी मुझे घूरने लगे और बोले—"तब आप शिआ कैसे हुए आप तो सुन्नी हुए।" वे विश्वास के साथ बोले।

"क्यों?"

"इसलिए ईरान के इस इलाक़े में शिआ आबादी नहीं है।

करीब-करीब सौ फीसदी सुन्नी हैं।"

"आप ठीक कहते हैं। लेकिन मैं ख़ाफ़ जाना चाहता हूँ।"

"देखिए यह खासा दूर है...वहाँ आप अकेले नहीं जा सकते...और फिर वहाँ देखने के लिए..."

मैं उन्हें कैसे बताता कि मैं नहीं तोतों का झुंड है जो ख़ाफ़ जाना चाहता है।

"लोग तो वहाँ जाते ही होंगे?" मैंने पूछा।

"हाँ-हाँ क्यों नहीं।"

"तो मैं भी चला जाऊँगा।"

वे समझ गए कि मैं जाने के लिए कमर बाँधे हुए हूँ।

"बस अगर मुझे कोई द्विभाषिया मिल जाए तो मजा आ जाए। क्योंकि ख़ाफ़ में मैं जो कुछ देखना, कहना, सुनना चाहता हूँ वह द्विभाषिए के बिना सम्भव नहीं है।"

"ठीक है, मैं आपको कल बताता हूँ।" वे बोले।

तोतों के लिए कल नहीं होती। तोते तो तोते होते हैं। उन्हें बस आज का पता होता है। क्षण का पता होता है। पूरी रात मैं सोचता रहा कि अगर प्रो. रज़मी ने मना कर दिया तो मैं क्या करूँगा। कैसे पहुँचूँगा ख़ाफ़।

अगले दिन प्रो. रज़मी को फोन किया तो उन्होंने बताया कि वे मेरे साथ ख़ाफ़ नहीं जा सकते। चूँकि छुट्टियाँ हैं इसलिए उनका कोई छात्र भी मेरे साथ नहीं जा सकता। इसलिए उन्होंने मेरे लिए एक प्लान बनाया है। वह यह है कि मैं कल सुबह मशहद से तुरबते हैदरिया जाने की बस पकड़ लूँ। तुरबते हैदरिया एक कस्बा है जो मशहद और ख़ाफ़ के बीच में है। वहाँ मैं एक सरकारी कार्यशाला 'दबीरे खान-ए-शूरा' चला जाऊँ जहाँ मुझे हाजी आग़ी मुहम्मदी मिलेंगे जो मेरे ख़ाफ़ जाने का बन्दोबस्त कर देंगे।

सब कुछ नोट कर लेने के बाद भी दिल में सैकड़ों शंकाएँ पैदा होती चली गईं। पहली बात तो यह कि तुरबते हैदरिया की बस मिल जाए। दूसरी यह कि वहीं उतरूँ। ऐसा न हो कि कहीं आगे चला जाऊँ। तीसरा यह कि तुरबते हैदरिया में उस सरकारी दफ्तर पहुँच जाऊँ जहाँ जाना है। चौथे यह कि प्रो. रज़मी के दोस्त वहाँ मिल जाएँ

या वहाँ हों। अगर इसमें से कोई कड़ी भी टूटती है तो मैं ख़ाफ़ नहीं पहुँच पाऊँगा। भाषा न जानने तथा बीहड़ इलाक़ा होने की वजह से कुछ भी हो सकता था। मैंने मानसिक तौर पर अपने आपको तैयार कर लिया। कोई न हुआ तो लौट आएँगे। वकौल फैज अहमद 'फैज' "तो लौट आए मेरे सरबुलन्द क्या करते।"

सुबह ठीक समय पर मशहद के बस अड्डे पहुँच गया और वहाँ से तुरबते हैदरिया जानेवाली बस भी मिल गई। बस शायद भर जाने के इन्तजाार में आधा घंटा खड़ी रही। बस की सवारियों पर नज़र डाली तो सब गाँव के से लोग लगे। मतलब अंग्रेजी का तो सवाल ही नहीं उठता। फारसी में दो-चार बातें हो जाएँ तो यही बहुत है।

मशहद से बाहर निकलते ही बस बिल्कुल वीरान, सुनसान, वृक्ष विहीन, सूखे पहाड़ों, जली हुई घास के मैदानों में आ गई। याद आया कि यार अगर दिल्ली से लखनऊ जाओ तो रास्ता कितना हरा दिखाई देता है। यह भी सोचा कि यार यहाँ के रहनेवाले सोलहवीं शताब्दी में पंजाब गए होंगे तो हरियाली देखकर पागल हो गए होंगे। हिन्दुस्तान जैसा कि रजनी पामदत्त ने लिखा है 'सम्पन्न देश है जहाँ गरीब रहते हैं।' और ये गरीब देश है जहाँ सम्पन्न लोग रहते हैं।

बस तेजी से आगे बढ़ती रही। सहयात्रियों ने नाश्ता शुरू कर दिया था। तन्दूर की पकी बड़ी सी रोटी के एक टुकड़े पर पनीर का टुकड़ा। रोटी और पनीर का नाश्ता होने लगा। लोग एक-दूसरे के साथ नाश्ता 'शेयर' करने लगे। मैं फिर बाहर देखने लगा। निर्जन पहाड़ियों का रंग कुछ बदलता सा दिखाई पड़ा। मिट्टी का रंग बदल रहा था। इतना जरूर है कि हरियाली नाम को न थी। एक-आध इलाके में बस रुकी तो ये शायद दूर-दराज के गाँवों से आनेवाली सड़कों के चौराहे थे। बस अड्डा, पैट्रोल पम्प, कुछ दुकानें और बस कुछ नहीं। रास्ते में कुछ पुराने गाँव भी पड़े जो बहुत आकर्षक लगे क्योंकि वे टीलों पर बसे थे और घर कच्ची मिट्टी के थे।

मिट्टी का भूरा रंग बदलकर गहरा मटमैला हो गया। फिर ज्यादा काला होने लगा। उसमें कुछ हरापन भी आने लगा। नाश्ता-वाश्ता करने के बाद स्थानीय लोग ऊँघने लगे थे।

कोई ढाई-तीन घंटे बाद बस किसी बड़े कस्बे में दाखिल होने

लगी। चूँकि मैं कई बार सहयात्री से घबराकर 'तुरबते हैदरिया' पूछ चुका था। इसलिए उसने इशारा किया कि तुरबते हैदरिया आ गया है। मैं उतरा। मेरे हाथ में वह पर्चा था जहाँ मुझे जाना था। बस के ड्राइवर और कंडक्टर ने मुझे पास खड़ी एक टैक्सी के ड्राइवर को पर्चा दिखाया और उसने पीछे बैठ जाने का इशारा किया। अब पता चला कि बस ने तुरबते हैदरिया से कुछ दूर मुख्य 'हाईवे' पर उतारा था।

तुरबते हैदरिया बिल्कुल पक्का खुरासानी कस्बा लगा। लेकिन यह सोचकर हैरत हुई कि यहाँ भी व्यवस्था थी। सफाई थी। दो तरफा सड़क थी और भुखमरी नहीं थी। लोग सम्पन्न नहीं दिखाई दे रहे थे। चेहरों पर वैसी लाचारी भी नहीं थी जो हम अपने यहाँ प्रायः देखते रहते हैं। टैक्सी में और लोग भी बैठे थे। सब को अलग-अलग जगह उतारती टैक्सी मुझे लेकर आगे बढ़ती रही। फिर एक इमारत के सामने टैक्सी रुकी और ड्राइवर ने इशारा किया कि यही तुम्हारी मंजिल है। मैं उतरा। ज़ाहिर है टैक्सीवाले ने कुछ ज्यादा ही पैसे लिए होंगे। पर इतना होश किसे था। मैं तो आगे की सोच रहा था। इमारत में मैं जा ही रहा था कि सामने से आते एक युवक ने अंग्रेजी में मेरा नाम लेकर पूछा कि क्या मैं वही हूँ।

चलो यहाँ तक तो बात बनी।

इन सज्जन ने अपना परिचय महमूद अग़ाली कराया और बताया उन्हें सिटी काउंसिल ने मेरे इन्टरप्रेटर के तौर पर बुलाया है। मैं यह रहस्य न समझ सका पर चुप रहा। मेरे बोलने से कुछ बिगड़ जाता तो बड़ा नुकसान होता।

महमूद ने बताया कि जिनसे मुझे मिलना है यानी हाजी आग़ई मुहम्मदी कहीं बाहर गए हुए हैं पर उनके सहयोगी अमीन महमूदी मेरी प्रतीक्षा कर रहे हैं। इस कार्यालय को अन्दर से देखने का मौक़ा मिला तो समझ में आया कि यह अपने यहाँ की तहसील जैसा कोई ऑफिस है जिसे ये सिटी काउंसिल करते हैं। बहरहाल अमीन महमूदी अंग्रेजी नहीं बोलते। द्विभाषिए के माध्यम से बातचीत शुरू हुई। इन लोगों को केवल यह सूचना थी कि मैं आ रहा हूँ और यहाँ से ख़ाफ़ जाना चाहता हूँ। इसके अलावा और कुछ नहीं मालूम था। मैंने संक्षेप में बताया और अपनी पुस्तिका भेंट की।

ख़ाफ़ जाने के लिए एक टैक्सी का बन्दोबस्त था। कुछ ही देर में टैक्सी आबादी से बाहर निकल आई। एक दक्ष गाइड की तरह महमूद मुझे इलाक़े के बारे में बताने लगे। उन्होंने विस्तार से बताया कि तुरबते हैदरिया में प्रसिद्ध सूफी कवि कुतुबउद्दीन हैदर दफ्न है और इसी कारण यह कस्बा जाना जाता है। इलाके के बारे में उन्होंने कहा कि नीशाबुर भी इस क्षेत्र का विश्व प्रसिद्ध इलाक़ा है जहाँ उमरे ख्य्याम का मक़बरा है और दूसरा विश्व प्रसिद्ध कवि फिरदौसी है जिसका मज़ार तूस में है। इस तरह मध्यकाल में यह एक सांस्कृतिक 'गोल्डन ट्रेंग्लि' था। यह इलाक़ा नीशाबुर के नाम से अधिक प्रसिद्ध था और नीशाबुर ही प्रमुख शहर हुआ करता था। मुझे ध्यान आया कि फतेहपुर कोड़ा जहानाबाद में दफ्न हमारे एक पुरखे जैनुलआब्दीन खाँ नाम के साथ नेशाबुरी भी लिखा हुआ मिलता है। ख़ैर, इसका मतलब था कि मेरी दिशा सही है। महमूद ने यह भी बताया कि इस क्षेत्र में बहुत बड़े मदरसे और पुस्तकालय थे जिनके खंडहर आज भी दिखाई पड़ते हैं। अफगानिस्तान और फिर हिन्दुस्तान तक जाने के रास्ते में होने के कारण भी इस क्षेत्र का बड़ा महत्त्व था।

टैक्सी सुनसुन रेतीली नहीं बल्कि बंजर पहाड़ियों के बीच से गुज़र रही थी। सड़क बहुत बढ़िया थी और गाड़ी की तरफ सौ से ऊपर हो गई थी। दूर-दूर तक कोई आबादी और हरियाली नहीं नज़र आ रही थी। मुझे लगा कि इस क्षेत्र में सैकड़ों साल पहले पैदल या घोड़ों पर यात्रा करना कितना मुश्किल रहा होगा। रास्ते में हमें एक गाँव दिखाई पड़ा जिसमें मिट्टी के घर थे। छतें गोल थीं। लेकिन गाँव बिल्कुल उजाड़ और जनविहीन नज़र आया। मैंने महमूद से कारण पूछा तो उसने बताया कि इस तरह के दूर-दराज के गाँवों से लोग नव विकसित आबादियों में चले गए हैं। बहुत दूर-दूर पर कहीं-कहीं कुछ हरियाली नज़र आती थी और लगता था वहाँ थोड़ी-बहुत खेती होती होगी या पेड़ होंगे।

सड़कों के किनारे ख़ाफ़ तक का फासला बतानेवाले बोर्ड लगे थे। मैंने महमूद से कहा कि मैं इनमें से किसी बोर्ड की तस्वीर खींचना चाहता हूँ। जब ख़ाफ़ पाँच किलोमीटर का बोर्ड आया तो टैक्सी रोककर मैंने बोर्ड और सड़क का चित्र खींचा।

ख़ाफ़ पास आने लगा तो महमूद ने मुझसे कहा—"आपको जिस तरह की जानकारी चाहिए वह किसी स्कूल या कॉलेज में ही मिल सकेगी। इसलिए कस्बा शुरू होने से पहले एक कॉलेज पड़ता है, वहाँ चलेंगे।"

मैं सोचने लगा दरअसल मुझे क्या जानकारी चाहिए? शायद कुछ नहीं। मैं तो बस इलाक़ा देखना चाहता था। ख़ाफ़ देखना चाहता था क्योंकि यह अनजान सा नाम साढ़े चार सौ साल तक अगर हमारे परिवार में रह गया है तो कम से कम इसे देखा तो जाए। साढ़े चार सौ साल बाद किसी सूत्र की आशा करना तो मूर्खता ही होगी।

ख़ाफ़ से पहले 'पयाये नौ यूनिवर्सिटी' के एक कोचिंग सेंटर पर हम उतर पड़े। यह ईरान की पहली प्राइवेट यूनिवर्सिटी है जिसने दूरस्थ माध्यम से शिक्षा को फैलाया है। सेंटर के प्राचार्य नूर अहमद बुलन्दख़ार से मिले।

महमूद ने उन्हें बताया कि आज से साढ़े चार सौ साल पहले इन साहब (मेरे) के पूर्वज सैयद इकरामुद्दीन ख़ाफ़ से हुमायूँ की सेना के साथ भारत गए थे और ये अपने उन्हीं सूत्रों को तलाश करने ख़ाफ़ आए हैं।

नूर अहमद यह सुनकर मुस्कुराए और जो बोले उस पर महमूद हँसने लगे और मुझे बताया—"नूर साहब कह रहे हैं आपको कुछ ज़्यादा देर नहीं हुई है।"

ख़ैर, नूर साहब ने गम्भीर होकर बताया कि इतिहास उनका विषय नहीं है। वे उन लोगों को फोन कर सकते हैं जो खुरासान के इतिहास के विशेषज्ञ हैं। हो सकता है उनसे कोई जानकारी मिल जाए। नूर साहब ने फोन उठाया और कहीं फोन किया। इस बीच फ्रूट जूस आ गया था। हमने पिया। कुछ बातें इस सेंटर के बारे में होती रहीं। ख़ाफ़ के बारे में बताया कि निश्चित रूप से यह बहुत पुराना कस्बा है और कभी बहुत सम्पन्न हुआ करता था पर लगातार युद्धों के कारण बर्बाद होता चला गया। हम बातें कर ही रहे थे कि फोन की घंटी बजी। नूर साहब ने कहा कि मेरे लिए फोन है। मैं क्या बात करता? महमूद ने बात की और मुझे बताया कि यह खुरासान इतिहास के एक विशेषज्ञ का फोन था। उन्होंने बताया है कि हमारे पुरखे सैयद इकरामउद्दीन के

बारे में खुरासान की इतिहास की पुस्तक 'तारीखे रीज़ाले शारखे़ खुरासान' के दूसरे खंड के पृष्ठ संख्या 174-6 में इंदिराज हैं। क्या लिखा है, पूछने पर उन्होंने सामान्य जानकारियाँ दीं जैसे कि वे पढ़े-लिखे आदमी थे, शायर थे, सिपाही थे आदि-आदि।

महमूद ने मुझसे कहा कि क्या मैं विशेषज्ञ से मिलना चाहता हूँ? मैंने कहा, नहीं। मैं सैयद इकरामउद्दीन पर शोध करने नहीं आया हूँ। मुझे तो ख़ाफ़ देखने में ज्यादा दिलचस्पी है। महमूद ने कहा कि विशेषज्ञ ने यह भी बताया कि मैं यदि अधिक जानकारी चाहता हूँ तो मुझे मशहद में इब्राहीम ज़नगानेह से मिलना चाहिए जो खुरासान के इतिहास के बड़े विशेषज्ञ हैं। मशहद में मैंने उनसे मिलने की कोई कोशिश नहीं की।

हम आगे बढ़े। मैं जल्दी से जल्दी मुख्य कस्बा देखना चाहता था। अब प्रोग्राम यह था कि हम ख़ाफ़ में इतिहास के एक अध्यापक के घर जा रहे थे और आशा थी कि वह हमें कुछ और जानकारियाँ देंगे।

गाड़ी ख़ाफ़ की मुख्य बाजार में आ गई। दोतरफा सड़कों पर दुकान बनी थीं। दुकानों के सामने फुटपाथ थे और उन पर पाइन जैसे पेड़ लगे थे। दुकानें बहुत चमक-दमकवाली तो न थीं लेकिन कस्बे की दुकानों की तुलना में व्यवस्थित लग रही थीं। सफाई भी दिखाई दे रही थी। मुख्य बाजारवाली सड़क से जो गलियाँ निकल रही थीं उनके नामपट्ट भी लगे थे जो मुझे काफी दिलचस्प लगे। चौराहे पर बीच में एक छोटा-सा पार्क था जहाँ बेंचें पड़ी थीं। हमने आगे बढ़कर एक मोड़ लिया और एक चौड़ी गली में आ गए। गली के दोनों तरफ मिट्टी के मकान गिर चुके थे और उनकी मोटी-मोटी दीवारें, गोल छतें और धुआँई हुई छतें नज़र आती थीं। मिट्टी के ये घर कुछ वैसे ही थे जैसे अपने यहाँ होते हैं। फर्क बस छतों का था। हमारे यहाँ की तरह यहाँ धन्नियाँ लगाकर छतें नहीं पाटी गई थीं बल्कि गोल छतें थीं जो बाहर से गुम्बद की तरह निकली दिखाई दे रही थीं।

हम स्कूल मास्टर के घर पहुँचे जो कच्चे-पक्के मकान का संगम था। बिल्कुल वैसा ही जैसा हमारे यहाँ होता है। एक आदमी निकलकर आए और बताया कि मास्टर साहब स्कूल में हैं। मैंने महमूद से कहा कि स्कूल जाने से पहले मुझे ख़ाफ़ का सबसे पुराना मोहल्ला दिखाओ।

महमूद ने पूछताछ की तो पता चला कि यही सबसे पुराना मोहल्ला है। इतनी देर में कुछ लोग जमा हो गए थे। सब एक अजनबी को देखकर अंदाजे लगा रहे थे। दो-चार ने महमूद से पूछा कि मैं कौन हूँ तो महमूद ने वही जानकारी दी जो उन्होंने पहले में दी थी। लोग मुझे हैरत से देख रहे थे। कच्चे टूटे-फूटे मकानों की तस्वीरें कौन खींचता है। इस तरह की गलियों में कौन भटकता है। गिरे हुए मकानों के अन्दर कौन जाता है। धीरे-धीरे दर्शक बढ़ने लगे और मुझे लगातार देख रहे थे और आपस में बातें कर रहे थे। यहाँ की फारसी पर अफगानिस्तान की बोलियों का प्रभाव है और शायद शुद्ध फारसी नहीं है।

अचानक महमूद ने मुझसे हँसकर कहा—''आप जानते हैं ये लोग आपके बारे में क्या बातें कर रहे हैं।"

"ज़ाहिर है नहीं।"

"ये कह रहे हैं कि आप किसी खजाने की तलाश में यहाँ आए हैं?"

मुझे पहले हैरत हुई, फिर हँसी आई और सोचा, यार कहानी तो बड़ी अच्छी बनती है। मनों मिट्टी के नीचे से मुझे एक दस्तावेज़ मिलती है जिसमें यह दर्ज है कि साढ़े चार सौ साल पहले सैयद इकरामउद्दीन अपने पुश्तैनी मकान में, जो ख़ाफ़ में है, एक ख़ज़ाना दफन कर आए थे। मैं पता लगाता हुआ यहाँ तक आया हूँ। मेरे जेहन में मोहल्ले और मकान का पूरा नक्शा है। मैं यह सब देख रहा हूँ। अब रात के अँधेरे में आऊँगा। सही जगह पर पहुँचकर ख़ज़ाना निकालूँगा और...

'बिलांग्गिं'—हम यहाँ के हैं, यह हमारा है—व्यक्ति हो या स्थान—से बड़ा भी कोई ख़ज़ाना होता है? आप कहीं किसी से जुड़ते हैं इससे भी नायाब कोई चीज़ हो सकती है? आपके कहीं से, किसी से सम्बन्धित रहे हैं यह अपने आप में ख़ज़ाना नहीं है क्या?

मैंने महमूद से कहा—"हाँ आया तो मैं खजाने की तलाश में ही हूँ।'' यह कहकर मैंने पुराने कच्चे टूटे मकान का एक टुकड़ा उठा लिया।

महमूद ने हँसकर लोगों से कहा—"इन्हें ख़ज़ाना मिल गया।" वे सब हँसने लगे।

स्कूल आ गए। कस्बे के हिसाब से ठीक-ठाक लगा। मास्टरजी से बात हुई। वे कहने लगे कि उन्हें देखना पड़ेगा। वैसे उन्हें कुछ याद नहीं है। मैंने पूछा कि यहाँ सैयद रहते हैं। सैयद आमतौर पर शिआ हाते हैं तथा प्रो. रज़मी की बात मेरे दिमाग़ में थी कि ख़ाफ़ सुन्नियों का इलाक़ा है और अगर आपके पूर्वज वहाँ के थे तो आप लोग सुन्नी हुए।

"यहाँ सैयद कम हैं...ज्यादातर सुन्नी हैं।"

"क्या सोलहवीं शताब्दी में यहाँ सैयद रहते थे,"

"हाँ जरूर...इस क्षेत्र का महत्त्व 13वीं शताब्दी में मुगलों के हमलों के कारण कम हो गया था और यहाँ के काफी लोग खासकर सैयद दूसरे इलाके में चले गए थे...पर अभी कुल दस-बारह घर सैयदों के हैं। अगर आप चाहें तो उनमें से किसी से मिल सकते हैं। एक सैयद की बाजार में फोटोग्राफी की दुकान है...यहाँ से करीब है।"

हम बाज़ार आ गए। अब हमारे साथ काफी लोग हो गए थे। एक पत्रकार भी आ गए थे। उन्होंने मुझसे कुछ सवाल पूछे और यह बताया कि वे स्थानीय अख़बार में यह 'स्टोरी' छपवाना चाहते हैं। बहरहाल जितना हो सकता था, मैंने उन्हें बताया।

बाज़ार में सैयद साहब की फोटोग्राफी की दुकान बन्द थी। मास्टर साहब ने पूछा कि इनके घर चलें।

मैंने मना कर दिया। मैं ज़्यादा से ज़्यादा ख़ाफ़ देखना चाहता था।

हम लौटकर फिर पुरानी बस्ती में आ गए। गलियों में फोटोग्राफी अभियान चालू हो गया। कुछ पुराने और बड़े घरों के कोनों पर मिट्टी की सुन्दर मीनारें भी दिखाई पड़ी। मैंने इस्फ़हान से शीराज़ जाते हुए रास्ते में मिट्टी का एक क़िला भी देखा था। वह अद्भुत किला था। सब कुछ मिट्टी का था। चारों तरफ मीनारें, फाटक का द्वार और परकोटे अंदर की पूरी इमारत सब मिट्टी का।

ख़ाफ़ में मिट्टी के घर देखते हुए अपने ज़िले के कस्बों और गाँवों के मिट्टी के घर याद आ गए। बिल्कुल उसी तरह के मेहराबवाले दर थे। लकड़ी के वैसी ही दरवाज़े जिनमें ऊपर की तरफ जंज़ीर लगती हैं और कभी-कभी घंटी का काम भी देती है। ललौली, हसुवा, हथगाम, बिलन्दा और कोड़ा की याद आ गई। यह भी याद आया कि हमारा घर भी मिट्टी का हुआ करता था। बरसात शुरू होने से पहले मिट्टी

की छतों की मरम्मत का काम बड़े पैमाने पर शुरू हो जाता था और महीनों खट-खट हुआ करती थी। हमारे दादा हमेशा कच्ची कोठरी और खपरैल में रहे। वे पक्की ईंट से बनी इमारत के सख़्त विरोधी थे। उनका कहना था कि मिट्टी के घर हर मौसम में आरामदेह होते हैं। जाड़ों में गरम और गर्मियों में ठंडे रहते हैं।

महमूद ने मुझसे कहा कि अब हम कुछ आगे जाकर प्राचीन लायब्रेरी के खंडहर और पुरानी मस्जिद भी देख सकते हैं। गाड़ी में बैठकर हम आगे बढ़े। उन्होंने गाँव के बाहर लेकिन दूर नहीं; सड़क की दाहिनी तरफ मिट्टी का एक ऊँचा-सा टीला दिखाया और कहा यही वह लायब्रेरी थी।

सड़क के इस तरफ एक पुरानी मस्जिद थी। महमूद ने बताया कि करीब छह सौ साल पुरानी मस्जिद है और अगर आपके पूर्वज यहाँ रहते होंगे तो यहीं नमाज़ पढ़ने आते होंगे। मस्जिद की मरम्मत चल रही थी। उसका 'टायल्स' का काम मुझे नई मस्जिदों के काम से अलग लगा। पता नहीं यह क्या बात है कि किसी भी कलाकृत्ति के पीछे कलाकार का मन झाँकने लगता है। आज ईरान में पुराने फैशन के अनुसार ही, जो टायल्य का काम हो रहा है वह इतना अधिक या अतिरिक्त रूप से सुसज्जित है कि उसके पीछे श्रद्धा और आस्था नहीं बल्कि दिखावा और प्रदर्शन नज़र आता है। लगता है प्रभावित और आंतकित करने के लिए कला की जा रही है। लेकिन इस मस्जिद के टायल्स के काम में वह दिखावा नहीं है। लगता है बनाने वालों ने बड़ी सहजता, सम्मान और आस्था के साथ काम किया है। उनके मन में प्रदर्शन का भाव नहीं था। मस्जिद काफी बड़ी लगी। दूसरी मंजिल भी है जिस पर मदरसा हुआ करता था। अब यह बिल्कुल वीरान है लेकिन सरकारी तौर पर इसकी मरम्मत की जा रही है। महमूद ने बताया या कहीं पढ़ा था कि ईरान की सरकार चालीस हज़ार मस्जिदों का इंतिज़ाम देखती है। इसके अलावा सैकड़ों पुरानी मस्जिदों की मरम्मत भी कराती है।

यहाँ मस्जिद से मिले हुए तो नहीं पर कुछ फासले पर मकान देखे। वैसे ही कच्चे मकान, गोल छतें, जालीदार हिस्से और छोटी-छोटी बुर्जिया।

लौटकर ख़ाफ़ आ गए। मास्टर जी ने कहा आप रुक जाइए। हम आपकी ख़ातिर करना चाहते हैं। आखिर साढ़े चार सौ साल के बाद आप आए हैं। गाँव वाले भी रुकने के लिए कहने लगे। उन्हें पता चल गया था कि मैं किस खज़ाने की तलाश में यहाँ आया था। शाम ढ़ल रही थी। मशहद लौटना था। मैंने उस सबसे माफी माँगी। चाहता तो था कि काश रुक पाता। पर तोतों को किसी भी तरह के खज़ाने से क्या मतलब वे तो उड़ना चाहते थे नीले आकाश में, अमरूद के बाग़ों और बबूल के जंगलों के ऊपर...भरे हुए तालाबों और ओस में भीगे खेतों के ऊपर।

ईरान के गिरफ्तार

रातभर बस की यात्रा करता सुबह मशहद से तेहरान पहुँचा। पूरा देश घूमने और हर शहर में बेरोकटोक फोटोग्राफी करते हुए मैंने सोचा कि यार तेहरान में मैंने कैमरा क्यों न निकाला। क्यों मैं डराने से डर गया कि तेहरान में फोटोग्राफी खतरनाक हो सकती। बताया गया था कि बी.बी.सी के एक संवाददाता का पुलिस ने न सिर्फ कैमरा छीन लिया था बल्कि उसे गिरफ्तार भी कर लिया था। उसी दिन रात में उसे वापस जाना था और बड़ी हाय तौबा के बाद वह छोड़ा गया था लेकिन उसका कैमरा उसे नहीं दिया गया था। ये सब हुआ होगा लेकिन मेरे साथ पूरे देश में कुछ नहीं हुआ।

तेहरान शहर के चित्र मेरे पास नहीं थे। बस अड्डे से मैट्रो ली। शहर के केन्द्र में आ गया। यहाँ मैंने अमेरिकन दूतावास की वह इमारत देखी थी जो एक समय में विश्व का केन्द्र रह चुकी है। उस इमारत की चौहद्दी पर अमेरिका विरोधी नारे लिखे हैं। यह इतने उत्तेजक नारे हैं कि इनका चित्र लेने से मैं अपने को रोक नहीं सका। बड़े आराम से कैमरा निकाला और इन नारों के चित्र खींचने लगा। पीठ पर तीस-पैंतीस किलो का बैग था। हाथ में कैमरा था और मैं आगे बढ़ रहा था। कहीं कोई अच्छी इमारत नज़र आई तो यह सोचकर तस्वीर खींच ली कि यार भारत में तो लोग जानते ही नहीं कि तेहरान कैसा लगता है। मैं अपनी धुन में चला जा रहा था। हाथ में कैमरा था। अचानक किसी तरफ से तीन पुलिसवाले जो कमांडो जैसे लग रहे थे आए। एक ने मेरे हाथ से कैमरा छीन लिया। दूसरे ने मेरा हाथ पकड़ लिया और तीसरा...मैं उम्मीद कर रहा था कि गर्दन पकड़ेगा, लेकिन नहीं पकड़ी।

एक सिपाही ने पूछा—"फोटो...फोटो..."

मैंने कहा—"यस..."

दूसरा मुझे खींचने लगा। ख़ैर वे मुझे एक बड़ी सी इमारत में ले गए। फारसी में नाम वग़ैरा लिखा था जो मैं पढ़ नहीं सका। पर सुरक्षा इंतिज़ाम देखकर पता चला कि कोई संवेदनशील किस्म की इमारत है।

मैं एक कमरे में ले जाया गया जहाँ चार-पाँच लोगों ने मुझे घेर लिया। उनमें से दो अंग्रेजी बोल रहे थे। एक ने कहा—"आपने हमारे ऑफिस की फोटो ली है जो वर्जित है।"

मैंने कहा—"नहीं।"

उसने कहा—"नहीं...ली है।"

सिपाहियों ने मेरा कैमरा उस आदमी को दे दिया।

तीसरा बोला—"आप कौन हैं? कहाँ से आए हैं? यहाँ क्या कर रहे है?"

कम मैंने बताया कि मैं कौन हूँ, कहाँ से आया हूँ और कोई आधा दर्जन ईरानी शहर देख चुका हूँ।

एक ने कहा—"हम आपके सामान की तलाशी लेंगे।"

नहीं कहने का तो कोई सवाल ही नहीं था। मैंने कहा, "ठीक है ले लें।" अब मेरे सामने बैग से एक-एक चीज़ निकाली जाने लगी। मेरा पासपोर्ट, टिकट लेकर एक अधिकारी किसी और कमरे में चला गया।

सामान की तलाशी में मेरे नोट्स मिले। होता यह था कि अगर कहीं मुझे जाना होता था तो ईरानी मित्र हाथ से कागज़ पर नक्शा बनाकर मुझे दे देते थे। ये नक़्शे मेरी मुसीबत बन गए। मुझसे पूछा गया कि यह क्या है ? किसने बनाए हैं ? क्यों बनाए हैं?

कुछ देर बाद एक अधिकारी मेरा पासपोर्ट लेकर आया और कहा कि आपका वीजा तो खत्म हो चुका है। आप यहाँ ग़ैरकानूनी तौर पर रह रहे हैं। मैंने कहा—"श्रीमान जी यह छह महीने का वीज़ा है। आप ध्यान से देखें।"

इस बीच एक अधिकारी मेरा कैमरा लेकर आया और कहा कि मैं कैमरा खोलूँ और फिल्म खींचकर बाहर निकाल दूँ। मैंने उसे समझाने की कोशिश की कि इस कैमरे में ऐसा नहीं हो सकता। मैं लैंस के

सामने हाथ लगाकर पूरी फिल्म खींच लूँगा और रोल उसे दे दूँगा।

अधिकारी ज़िद करने लगा कि नहीं मैं कैमरा खोलकर फिल्म ज़ोर से खींचूँ। मेरे ख्य़ाल से यह दृश्य उसने सन् पचास-साठ के आसपास बनी किसी हॉलीवुड की फिल्म में देखा होगा और चाहता था कि वह सीन उसके सामने 'रिपीट' हो। मेरे बहुत समझाने पर वह तैयार हुआ। मैं लैंस के सामने हाथ लगाकर क्लिक करता रहा और फिर फिल्म निकालकर दे दी। मेरे सामान की तलाशी जारी थी। मिट्टी का वह टुकड़ा भी निकाला गया जो ख़ाफ़ से मैंने उठाया। उस पर भी पूछताछ हुई। पूछा गया कि क्या यह पवित्र स्थान मशहद की मिट्टी है? मैंने कहा नहीं। ये ख़ाफ़ की मिट्टी है। तलाशी में इमामों की तस्वीरें भी निकली जो मैंने मशहद से खरीदी थीं। ये सब हो ही रहा था कि एक अधिकारी आया बोला कि मैंने जिन शहरों की यात्राएँ की हैं वहाँ मैं कहाँ-कहाँ रहा था? सौभाग्य से मुसाफिर खानों के कार्ड मेरे पास थे। वे मैंने दिखाए।

इतनी सारी बातचीत और तलाशी के बाद मैं घबरा गया था। जैसा कि बताया गया था, ये लोग कुछ भी कर सकते हैं। एक बार 'अंदर' हो जाने का मतलब था कि पता नहीं कब, कैसे, किस तरह, कितने दिनों, महीनों या सालों बाद आदमी बाहर निकलेगा। अब आप रोते रहिए।

मुझसे पूछा गया कि मैं तेहरान में कहाँ ठहरा हुआ हूँ? मैंने अपने राहुल का नाम और फोन नम्बर दिया। वहाँ फोन किया गया। राहुल घबरा गए। उन्होंने भारतीय दूतावास फोन कर दिया कि मैं गिफ़्तार कर लिया गया हूँ।

करीब डेढ़ घंटे की तलाशी के बाद एक अधिकारी आए और बोले—"क्षमा करे। हमसे ग़लती हो गई है। आप तो 'हमारे' ही आदमी हैं।"

मुझे बाइज़्जत रिहा कर दिया गया। लेकिन मैं उनका गिरफ़्तार तो था भी नहीं। मैं तो ईरान की गिरफ़्त में था...बहुआयामी ईरान के सम्मोहन का गिरफ़्तार...वहाँ से कैसे 'रिहा' हो सकता था।

रातभर का बस यात्रा करने के बाद बिना चाय नाश्ते के कोई दस बजे मुझे पकड़ा गया था और अब बारह बज रहे थे। पीठ पर तीस-पैंतीस किलो का वज़न पचास किलो लग रहा था और बार-बार सोच रहा था कि तलाशी में कहीं कुछ वहीं तो नहीं रह गया है, पर टिकट और पासपोर्ट पास थे। राहुल को फोन करके अपने छूटने की खुशखबरी सुनाई। उन्होंने कहा तुम सीधे घर जाओ। मैं और मोनी तो घर पर नहीं हैं। मनोज होगा। वह तुम्हें नाश्ता-चाय दे देगा।

मेरी यात्रा के दौरान राहुल ने घर बदल लिया था। उसके नए घर का पता और इलाके की जानकारी के आधार पर मैंने टैक्सी ले ली। घबराहट में या जानकारी के अभाव में राहुल के फ्लैट की बिल्डिंग नहीं मिली। पर इतना विश्वास था कि इसी इलाके में है। टैक्सी छोड़ दी और पीठ पर सामान लादकर बिल्डिंग की तलाश में कोई घंटा भर भटकता रहा। यह इलाक़ा पहाड़ों पर है इसलिए चढ़ाइयाँ चढ़ने में पसीने आ गए। कोई दो बजे राहुल वाली बिल्डिंग मिली और जान में जान आई। मनोज को मैंने बताया कि यार मुझे पुलिस ने पकड़ लिया था। सरल, सीधा उत्तरांचल के एक छोटे से गाँव से आया मुकेश डर गया और मेरी तरफ इस तरफ देखने लगा जैसे थाने में की गई पिटाई के निशान कहाँ-कहाँ हैं।

मनोज ने शुद्ध भारतीय चाय बनाई। पराठे बनाए। खाया-पिया, जान में जान आई। कहा, जान बची तो लाखो पाए। ख़ैर से बुद्धू घर को आए।

तीन दिन बाद मेरी फ्लाइट थी। कैमरा तो मैंने इतना छिपाकर रख दिया था कि अगर मैं भी खोजता तो न मिलता। हालाँकि गिरफ़्तार होने से पहले सोचता था कि दो दिन तेहरान में खूब फोटाग्राफी करूँगा।

मैं पहले ही तय कर चुका था ईरान से और कुछ ले जाऊँ या न जाऊँ रोटियाँ जरूर ले जाऊँगा। उसी तरह जैसे लखनऊ से चाहे कुछ ले जाऊँ या न ले जाऊँ शीरमाल जरूर ले जाता हूँ। बहरहाल रोटियों की अलग-अलग दुकानें हैं। मतलब एक दुकान में एक तरह की रोटियाँ मिलती हैं तो दूसरी में दूसरी तरह की। इस तरह हर प्रकार की रोटियाँ जमा करने के लिए कई दुकानों के चक्कर लगाने थे। सामान में

पाँच-छह किलो वज़न बढ़ाने की गुंजाइश थी।

दो दिन मैं रोटियाँ जमा करता रहा। मीठी और नमकीन रोटी। मुरब्बा भरी रोटी। सूखी जौ के आटे और साग की रोटी। खड़खड़ाती पतली चपाती जैसी रोटी, मोटी सूखी रोटी, तीन फुट लम्बी नरम रोटी। छोटी बिस्कुट जैसी रोटी, पतली नरम चपाती जैसी रोटी और पता नहीं कैसी-कैसी रोटियों से एक बड़ा-सा थैला भर गया था। मनोज के लिए यह काफी रोचक था।

सुबह चार बजे तेहरान के मेहराबाद एयर पोर्ट से मैं और मेरे साथ सभी तोते उड़े। तोतों ने कहा, यहाँ अमरूद तो होते नहीं। नीम और बबूल के पेड़ भी नहीं हैं। सरसों के पीले खेत और लबालब भरे तालाब...पीछे मुड़कर देखा तो एकरंगा शहर था लेकिन इसके कितने रंग हैं ये तो पास जाने पर पता चलता है।

●●●